어쭈구리

한윤수

일러두기

- 따옴표 안의 대화는 사투리를 그대로 썼습니다.
- 따옴표 밖의 지문(地文)이라도 필요한 경우는 사투리를 그대로 썼습니다.
- 가급적 맞춤법에 맞게 쓰려고 노력했으나, 도저히 당시 상황을 실감 나게 나타낼 수 없을 때는 맞춤법을 무시했습니다. 가령 '먹고 죽을래도'는 '먹고 죽으려도'가 맞춤법에 맞겠으나 말맛이 전혀 안 나 그대로 두었습니다.
- 지금은 없어진 관용구들도 그대로 썼습니다. 가령 '포원이 들려서'는 요즘 쓰지 않습니다. 비슷한 느낌을 주는 표현인 '원한이 맺혀서'와는 전혀 다른 의미로 간절한 소원의 뜻이 담겨 있습니다. 이런 식으로 다른 말로 의미를 표현할 수가 없는 것은 그대로 썼습니다.
- 그 밖의 것은 현행 관습대로 썼습니다.

어쭈구리 한윤수

한윤수 지음

대한민국, 서울, 박영률출판사, 2025

어쭈구리 한윤수

지은이 한윤수
펴낸이 박영률

초판 1쇄 펴낸날 2025년 5월 30일

박영률출판사
출판등록 제313-1997-000018호(1997년 2월 13일)
02880 서울시 성북구 성북로 5-11
전화 (02) 7474 001, 팩스 (02) 736 5047
commbooks@commbooks.com
www.commbooks.com

ISBN 978-89-5887-237-5 03810

책값은 뒤표지에 있습니다.

ⓒ 프레시안

들어가는 말

이 책은 일반적인 회고록과 서술 방식이 좀 다르다. 요새 독자들은 그럴싸한 말들로 자기 삶을 은근히 기리는 그런 이야기에는 별 관심이 없으리라 믿기 때문이다. 나에 대해 깊은 연구를 하거나 각별한 애정을 가진 분이라면 그래도 꾹 참고 앙앙불락 읽겠지만, 뭐 그럴 사람은 별로 없기도 하고.

일단 재미나게 쓴다. 재미있다고 진실에서 먼 것도 아니고, 진지하다고 진실에 더 가까운 것도 아니라는 게 내 생각이다. 진실은 자비롭지 않다는 말은 있지만 '진실은 재미롭지 않다'는 말은 못 들어 봤으니까.

특별히 이 책만을 위해서 재미나게 쓰는 건 아니다. 나는 젊었을 때도 이렇게 써서 여러 권의 책을 냈다. 그래서 '흥미로운 구어체' 혹은 '독특한 구어체'라는 말을 많이 들었다.

많이 쓰지도 않을 생각이다. 한 사람의 인생에서 의미 있는 일이 무어 그리 많겠는가.

자, 시작하겠습니다.

감사의 말씀

이 책은 세 분이 없었다면 햇빛을 보지 못했을 것이다.

몇몇 후배들이 회고록을 써 보라고 했을 때 "나 같은 놈이 무슨 회고록을 써?" 하며 경기를 일으킬 정도로 애초에는 반대했다. 내가 그런 걸 쓸 만큼 중요 인물도 아니고 유명인도 아니기 때문이었다. 그때

"써 봐. 너의 인생이 그리 만만한 인생이 아니야" 하며 글쓰기를 격려했을 뿐 아니라 전반적인 내용까지 감수해준 나의 에즈라 파운드 봄나무(애칭) 기자,

70년 가까이 나를 곁에서 지켜본 데다가 나의 어린 시

절을 총명한 기억력으로 되살려 준 죽마고우 구연철 교수,

주위 사람들의 눈을 의식하여 과감한 표현을 쓰지 못하고 망설일 때 "괜찮아요. 그건 풍자잖아요!" 하며 나의 운필에 자유를 주었을뿐더러 뛰어난 문학적 감수성으로 세세한 부분까지 충고를 해 준 H군,

이 세 사람에게 감사를 드린다.

2025년 1월, 화성에서

한윤수

차례

어쭈구리 한윤수

눈물의 페달

나는 뼈다귀에 가죽만 두른 쭈굴쭈굴한 형태로 태어났다. 별명이 쭈구리였다. 식구들이 부를 때 이렇게 불렀다. 엇! 쭈구리 또는 어쭈구리!

굉장히 병약하고 살이 없고 뼈다귀만 있어서 어머니 속을 태웠는데 어머니가 콩밭에서 똥을 누다가 우연히 발견한 살찐 참개구리를 고아 먹은 후로는 살이 차츰 붙어서 결국 사람처럼 변하였다. 여기에 대해서만큼은 어머니에게 고맙게 생각한다.

그러나 참개구리를 먹었는데도 이상하게 청개구리처럼 변하여서 어머니나 외할머니가 나를 업고 가다 내 마음에 안 드는 쪽으로 가면 뒤로 벌떡 넘어져 발모가지만 대롱대롱 매달려 있었다. 그래서

"애가 왜 이렇게 승질이 못되어 먹었댜"

소리를 많이 들었다.

또 욕도 잘해서 겨드랑이 종기 수술을 받을 때는 의사

가 아프게 수술한다고

"이 씨팔 놈이 나 죽이네!"

소리를 질렀다.

한국전쟁 당시 우리는 대전역에서 1킬로쯤 떨어진 대전시 인동의 국도 1호변 길갓집에 살았다.

1950년 9월 15일 한국에서 중요한 사건이 두 가지 있었다. 하나는 인천에서 상륙작전이 시작된 거고, 또 하나는 B29 폭격기 아홉 대가 날아 와서 대전역을 폭격한 거다.

대전역은 물론 인근이 불바다가 되었다. 목격자의 증언*에 의하면, "폭탄이 하늘에서 염소 똥 싸듯이, 밤이나 고구마 쏟듯이 새까맣게 쏟아졌다." 얼마나 폭격이 심했던지 "엿가락처럼 휜 철도 레일이 대전역에서 550미터쯤 떨어진 목척교(木尺橋)까지 날아와 다리 난간에 걸쳐 있었다."

* 목격자의 증언 : 대전광역시사편찬위원회가 2016년 발간한 『대전의 옛 이야기』.

첫 폭격이 시작된 순간, 식구들은 마치 전등이 켜지면 바퀴벌레들이 사사삭 하고 피하듯이 재빨리 방공호로 피신했건만, '아버지, 돌 굴러가유!' 하는 식으로 동작이 굼뜬 나는 미처 피하지 못하고 방구석에서 이불을 뒤집어쓰고 발발 떨었다.

얼마나 시간이 흘렀을까.

폭격이 잠잠해진 후 어머니가 와서 이불을 들춰 보니 내가 새빨개진 얼굴로 땀을 비 오듯 흘리고 있었다나! 아마도 난 고양이처럼 눈을 뜨고 기절했던 거 같다. 그러니까 어머니가 이불 들치는 것도 몰랐지!

하여간 눈을 뜨고 기절했거나 말거나, 얼굴이 새빨개졌거나 말거나, 땀을 비 오듯 흘렸거나 말거나, 뭐 그게 그리 큰 흠이 되는 것도 아니련만, 식구들은 나와 싸우다 말문이 막히거나 답변이 궁색해지면, 꼭 이 얘기를 꺼내 나를 겁쟁이 취급함으로써 잔인한 복수를 하곤 했다. 여기서 나는 깨달았다.

집안 식구가 바로 웬수다!

원래 난 식구들 원망하고 싶은 마음은 추호도 없었다.

방공호로 피신 못 한 것도 다 못난 내 탓이지, 메아쿨파!* 식구들 잘못은 아니라고 생각했다. 그런 넓고 넓은 바닷가 같은 내 마음도 몰라주고, 오막살이 집 한 채처럼 옹졸하게, 되레 나를 겁쟁이로 몰다니!

내 이런 말 치사해서 안 하려고 했지만,

즈이덜은 나이가 많찬여!

참고로 이때 아버지 나이가 서른두 살, 어머니는 서른 살, 큰누나가 열두 살, 작은누나는 열 살이었다.

나는 세 살!

물론 겁쟁이가 아주 근거 없는 말은 아니었다.

학교 들어가기 전, 이종사촌 형과 대전극장에 국극(國劇)*을 보러 간 일이 있다. 아마 제목이 '단종애사'나 '사

* 메아쿨파 : 라틴어 'mea culpa', 내 탓이로소이다.

* 국극 : 창(唱)을 많이 섞은 신파 연극. 임춘앵의 여성 국극단이 유명했다.

육신'이었을 거다. 형이 담배가 피고 싶은지 말했다.

"변소 갔다 올 테니까 요대로 가만히 있어."

"응."

"어때? 자신 있어?"

"응."

그런데 형이 나가자마자 수양대군이 시뻘건 옷을 입고 나타나 "이노옴!" 하고 벽력같이 소리를 질렀다.

나는 수양대군이 나한테 그러는 줄 알고 "성! 성!" 하며 형이 사라진 변소 쪽을 보고 울었다.

관객들은 '하, 저 자식이 분위기 다 망치네!' '어떤 놈이 저런 병신을 데려왔어?' 하는 얼굴로 분개해 마지않았고, 담배를 피우기는커녕 오줌도 찔끔 누다 말고 달려온 형은 관객들에게 미안하다고 연신 굽실대며 나에게는

"하이고, 이 병신, 챙피해 죽겠네! 고새를 못 참어서! 내 다시는 너 데리고 다니나 봐라!"

하고 으름장을 놓았다.

이 사건도 두고두고 나에게 불리하게 작용했다.

나에게 결정적으로 불리한 사건이 또 하나 있었다.

유엔잠바* 네다바이* 사건.

인민군이 물러가고 미군이 들어왔다. 우리 집 앞이 바로 미군 부대였다. 원래는 일본군 부대였다가 해방 후에는 국방경비대가 쓰다가 전쟁통에는 인민군이 쓰다가 그 당시는 미군이 썼다. 나중엔 국군 헌병대가 되었지만.

미군들은 지프차 타고 오갈 때 나에게 초콜릿을 던져 주었다. 그래서 초콜릿 맛을 알게 되었는데 이게 병이 될 줄이야. 나는 초콜릿을 산처럼 쌓아 놓고 먹는 게 소원이었다.

1951년도 네 살 때다. 하루는 1번 국도에서 한가로이 세발자전거를 타고 있는데 어떤 아저씨가 접근하여 내 유엔잠바를 벗어 주면 초콜릿을 하늘만치 싸다 준다고 유혹하였다.

* 유엔잠바 : 한국전쟁 때 유엔군 부대에서 민간에 흘러나온 누비 잠바. 내가 입은 것은 어린이용 모조품.

* 네다바이 : 남을 교묘하게 속여 금품을 빼앗는 짓(ねたばい).

나는 앞뒤 안 가리고 잠바를 벗어 주었다. 그러나 고갯마루에 해가 뉘엿뉘엿 지도록 아저씨는 나타나지 않았다. 그래서 눈물의 페달을 밟으며 귀가했는데 이것도 두고두고 조롱거리가 되고 낙인이 찍혀 버렸다. 초콜릿에 눈이 어두워 유엔잠바 잃어버린 맹한 놈이라고.

"야, 쪼그만 유엔잠바에 초코렛을 하늘만치 싸다 준다는 게 말이 되냐?"

사실 맞는 말이라, 나는 아무 대꾸도 못 했다.

그렇지만 그때부터 난 더 삐딱해졌고 더 반항적으로 되었다. 더구나 어머니는 일본에서 청소년기를 보낸 친일파였고, 나는 독립군 영화를 보며 자란 독립군 파여서, 사상적으로는 완전히 적이었다.

어떻게 어머니를 보고 친일파라고 비난할 수 있냐고 하는 사람이 있을지 모르지만, 몰라서 하는 얘기다. 가령 일본하고 한국하고 육상 시합을 하면 어머닌 실제로 일본 편을 들었다니까! 특히 어머니는 일본에서 보통학교 다닐 때 단거리 육상 선수여서 팔 각도에 대해서만큼은 노골적으로 일본 편이었다.

"저 한국 선수 좀 봐라. 어떻게 팔을 옆으로 흔드냐? 위아래로 힘차게 흔들어야지! 하여간 한국은 기본이 안 되어 있다니까!"

나는 이런 소리를 들을 때마다 같은 한국인으로서 얼마나 분하고 속이 쓰렸는지 모른다.

우리 유행가에 유난히 사모곡이나 전선야곡 같은 어머니를 그리는 애틋한 노래가 많은데, 나는 그런 노래를 아직도 이해하지 못한다.

아버지도 친일파였다. 일본에서 청소년기를 보내고 거기서 돈을 벌었으니까. 그러나 친일 감정을 드러내 놓고 표하지는 않았다. 자기 감정을 드러낼 때는 일단 한국말 감탄사 "카!"를 쓰고 그다음에 일본어 감탄사를 갖다 붙였다. 그리고 어머니와 비밀 얘기를 할 때만 일본어를 썼다. 그것만 봐도 온건한 친일파였다.

큰누나는 사상 쪽에는 관심이 없었다. 그냥 실용주의자여서 돈 버는 데만 관심이 있었다. 어느 정도냐 하면 국민학교(초등학교) 저학년 때 자기 아버지가 군정청장이라고 뻥을 쳐서 아버지 전근 간다고 같은 반 아이들한테 전별금을 받아먹은 위인이다. 군정청장은 미국 군인 하지(Hodge) 중장인데, 미국 사람이 자기 아버지란 말인가? 그래도 생각 자체가 대범하니까 나하고 큰 충돌이 없었다.

문제는 작은누나였다. 그녀는 성질이 잘아서 내 보리밥에 올라가는 쌀알과 자기 보리밥에 올라가는 쌀알의 개수를 세어서 비교 검토하고 나를 적대시하는 속 좁은 인간이었다. 사실 내 밥의 쌀알은 일곱 개 정도이고, 누나 밥의 쌀알은 다섯 개 정도여서 두 개 정도 차이밖에 안 났다. 근데 생각해 보라우. 나는 어머니 아버지를 평생 모실 사람이잖아! 그 정도 대우는 해 줘야 되는 거 아녀? 그렇게 머리가 안 돌아가냐? 그까짓 쌀알 두 개 양보하면 평생 부모 안 모셔도 되잖아!

누나는 나를 약 올리는 방법을 알고 있었다. 비겁자, 겁쟁이, 쫀조리! 이렇게 세 가지 중의 하나를 부르면 나는 약이 올라 부르르 떨었다. 반면에 나는 코를 팽! 하고 풀어 누나의 모직 스커트에 확 문댐으로써 복수했다. 그러면 누나는 "윤수, 저놈의 새끼 때문에 나 학교 못 가!" 하고 징징 울었다. 그녀는 무조건 내 반대파여서, 나하고 사이가 껄끄러운 어머니 쪽에 붙었다.

이렇게 어머니, 아버지, 작은누나가 한편을 먹고 나 홀로 독립군이 되어서 싸우니 나는 점점 더 삐딱하고 반항적으로 되었다.

게다가 나는 오만하기까지 했다. 판암동에 살 때 우리 집은 가내 공업으로 제품 공장을 겸하고 있었다. 제품(製品)이란 군복을 검은색으로 물들인 후, 이것을 가위로 재단을 하고 미싱으로 박아서 금 단추 달린 학생복으로 둔갑시키는 것을 말한다. 그런데 뒷간에 가려면 제품 만드는 창고 앞을 반드시 지나야 했다.

나는 먼지가 뽀얀 창고 앞을 지날 때마다 잠시 멈춰 서서 창고 안을 들여다보며 둘째 손가락을 코에 대고 고개를 살래살래 저었다. 창고 안의 공기가 더럽다는 뜻이다. 그러면 재단을 하고 미싱을 박던 동네 누나들이 약이 올라서

"저놈의 새끼, 커서 뭐가 될라고 저 지랄이냐?"

하고 소리를 질러댔다. 그러면 먼지 구덩이 속에서 같이 일하던 어머니도 아무 말 못 하고 웃기만 했다.

학교는 싫어

학교에 가기 싫었다. 이유는 여섯 가지다.

첫째, 학교가 너무 멀고 가는 길이 지루했다. 집에서 가까운 천동학교에 갔으면 좋으련만, 우리 장도가 동네* 아이들은 거의 다 먼 신흥학교로 다녔다. 조금 더 중심지 학교에 넣으려는 부모들 욕심 때문이다. 더구나 우리 동네에는 신흥학교 서무과장이 살고 있어서 위장 전입은 식은 죽 먹기였다.

학교로 가는 길은 이렇다. 1.5킬로가 외길로 뚝방길인데 왼쪽으로는 대동천 냇물이 흐르고 오른쪽은 논이나 미나리꽝이었다. 간혹가다 잔가지가 다 잘려 몸통만 남은

* 장도가 동네 : 대전시 판암동의 외딴 동네 중 하나. 왜정 시대 일본 사람이 지은 된장 공장이 있어서 장도가 동네라고 불렀다.

늙은 미루나무가 하늘을 향해 멋쩍게 서 있는데, 그늘이 거의 없어서 뙤약볕을 쬐며 나 홀로 걷는 셈이었다. 지루하지!

하루는 학교에서 발목을 삐어서 한쪽 다리를 절뚝거리며 귀가하는데, 햇빛은 왜 그리 따갑고 뚝방길은 왜 그리 먼지.

"이래서 학교는 가차운 데로 다녀야 하는데!"

하고 절망에 빠졌을 무렵, 누가 뒤에서 인기척을 내서 돌아보니 천동학교 다니는 내 친구 희주(가명)의 어머니였다. 희주 엄마는 전쟁미망인이었다. 과부! 나는 과부는 불쌍한 사람이라는 생각을 갖고 있었다.

그런데 그 희주 엄마가 나를 냇가로 데리고 내려가 찬물에 발목을 담가 주물러 주는데 얼마나 시원한지! 그러고는 나를 업고 일어나서 천천히 걷는데 두 가지 감정이 동시에 일어났다. 하나는 국민학교 2학년인 내 똥게*가 솔찬히 나가서 미안하다는 것이고, 또 하나는 하얀 옥양목 저고리에서 성숙한 여성의 깨끗한 냄새가 난다는 것이었다.

비록 친구 어머니의 등이어서 죄송한 마음 금할 길이

없지만, 좀 더 솔직히 말하면 성숙한 여성의 등이 그렇게 황홀하고 포근한 줄 정말 몰랐었다. 나는 당장 천지개벽이 되고 지각 변동이 일어나 학굣길 오릿길이 삼십 리로 늘어난다 하더라도 하염없이 업혀 가고 싶었다. 하지만 그런 행운은 다시 일어나지 않았고, 역시 길이 머니 지루했다.

둘째, 매일 싸움을 해야 하는 게 싫었다. 전쟁 직후라 그런지 군인 자식들이 많았고 힘자랑하는 무식한 놈들이 많아서 나는 늘 누군가와 겨루어야 했다. 그래서 방과 후에 싸움을 안 하고 오는 날이 드물었다. 그게 너무너무 힘이 들었다.

간혹 집에 오다가도 싸움을 했는데 그건 금강사(가명) 근처 도보(徒步) 다리에서 노는 놈들이 싸움을 걸기 때문이었다.

하루는 도보 다리 놈들이 나를 에워쌌다. 집 쪽으로는

* 똥게 : 몸무게.

막혔고 학교 쪽을 보니, 뒤에 두 놈, 앞에 한 놈이 섰는데 그놈이 작았다. 나는 팔을 쭉 뻗어 그놈의 인중을 맞추니 푹 쓰러졌다.

그 틈을 타서 학교 쪽으로 내빼는 척, 페인트 모션을 쓰다가 오히려 왼편 직각으로 꺾어 대동천으로 달려 내려가 냇물을 철벅거리며 횡단한 후, 맞은편 뚝방 아래의 골목으로 도망쳐 아무 집이나 붙잡고 대문을 치며 "엄마아! 엄마아!" 하고 불렀다.

쫓아오던 놈들은 저게 저놈 집인가? 의아해하면서도 물러났다.

나는 중공군에 일곱 번 포로가 되었다가 일곱 번 탈출한 이종사촌 형의 수제자였기에 그 정도 포위망쯤은 쉽게 뚫을 수 있었다.

그래도 그렇지, 나는 원래 평화를 사랑하는 사람인데, 학교와 그 주변이 무슨 황산벌이나 되는 듯이, 오천 결사대 항전하듯이 살벌하니 학교에 가고 싶겠냐구! 그냥 조용히 집에 있고 싶지!

셋째, 재미가 없었다. 내가 진심으로 마음을 쏟을 만한 과목도, 선생님도 없었다. 그저 그렇고 그런, 다 아는 얘기였다. 나는 취학 전에 이미 큰누나로부터 〈인생유전〉이나 〈길〉 같은 외국 영화 스토리를 들어서 알고 있었고, 작은누나로부터 명곡 부르는 법을 배워 〈내 고향으로 날 보내주〉, 〈켄터키 옛집〉, 〈옛 동산에 올라〉, 〈가고파〉, 〈여자의 마음〉 정도는 부를 줄 알았다.

그리고 중공군에 일곱 번 포로가 되었다가 일곱 번 탈출한 이종사촌 형으로부터 중공군 진지에서 똥 누러 가는 척하며 탈출하는 법을 전수받았고 중국공산당가를 배워서 악보 없이 부를 수 있었다.

공산당 메유 공산당
공산당 메유 짱과
고옹산당 메유 공산당
고옹산당 메유 짱과
공산당 메유 공산당
공산당 메유 짱과

지금 생각해 보면 끔찍스럽다. 아무리 어린아이라도 중국공산당가를 아무런 양심의 가책도 없이 천하태평으로 부르다니! 이래서 가정 교육이 중요한 것이다. 육군 상사로 제대한 이 형은 잠시 우리 제품 공장의 공장장으로 와 있었는데, 일할 때는 공장장이지만 쉴 때는 나의 가정 교사나 다름없었다.

그런데 이런 포로 생활 전문 가정 교사한테 배울 게 뭐가 있겠는가? 맨 전투하는 방법, 탈출하는 방법, 포위당했을 때 굶으며 견디는 방법, 행패 부리는 상이군인 겁주는 방법, 남의 말 무시하고 개기는 방법, 중국공산당가를 간지 나게 부르는 방법 등이었으니 내 장래는 이미 이때 극히 위험스럽게 결정되었다고 볼 수 있다.

들을 귀 있는 자는 들을지어다.

또 외사촌 형으로부터는 썰매에 굵은 철사를 박아서 남보다 잘 나가게 만드는 방법, 자전거를 팔자로 멋있게 타는 법, 심지어 신 깍두기로 호랑이 잡는 법까지 배워서 알고 있었다.

신 깍두기로 호랑이 잡는 법은 사실 아무한테나 가르쳐주는 게 아닌데, 오늘 특별히 나의 독자들한테만 공개하고자 한다.

이건 원래 아무것도 먹을 것이 없는 함경도 두메산골

에서 늦은 봄에 호랑이를 잡는 방법이다. 먼저 뒷마당 나무에 잘 드는 면도칼을 가로로 박아 놓는다. 그리고 그 밑에 시어 빠진 깍두기를 한 바가지 갖다 놓는다. 배고픈 호랑이가 뭐 먹을 거 없나 하고 내려와서 두리번거리다가 어디서 못 보던 음식이 있으니까 한두 개 집어 먹어 보고 "아이, 시다!" 하고 고개를 살래살래 흔드는데, 이때 저도 모르게 면도칼에 콧잔등이 오리가리 째진다.

이때 사람이 가만히 가서 꼬리를 잡고 "이놈!" 하고 벽력같이 소리를 지르면 호랑이가 가죽만 남고 알맹이는 튀어 나간다.

이거 사실 남한 사람들은 잘 모르는 건데, 이상하게도 외사촌 형은 알고 있었다.

또 17연대가 주둔한 제사공장 옆에 산 적이 있어서 나팔 소리만 듣고도 저게 식사 나팔인지 취침나팔인지 스스로 깨달아 알고 있었다. 나는 식사 나팔에 가사를 붙여 불렀다.

빰빠라 빰빠 밥 먹어라
17연대 꽁보리밥

또 학교에 가서 뻔한 얘기를 듣느니, 동네 형들과 노는 게 훨씬 재미있었다. 우리 장도가에는 노는 형이 딱 두 명 있었다. 둘은 가장 중요한 문제에서 의견이 갈렸다. 만일 지금이 원시 시대라면 남자에게 가장 중요한 것이 뭐냐 하는 것이 파(派)가 갈린 시초였다. 하나는 사냥이라 했고 하나는 고기잡이라고 했다.

나는 처음 사냥 쪽에 가담했다. 이유는 두 가지다.

첫째는 철민이.

나는 커서 철민이가 되는 게 꿈이었다. 철민이는 〈밀림의 북소리〉*라는 만화의 주인공으로 밀림에 산다. 근데

* 〈밀림의 북소리〉 : 1950년대에 발간된 인기 만화. 일본의 전설적인 만화가 야마카와 소지가 그린 〈소년 케냐〉를 한국식으로 고쳐 그렸다. 최초에 나온 책은 윤영기 씨가 그린 〈밀림의 왕자〉였다. 10권짜리로 이게 한국에선 오리지널인 셈이다. 훗날 서울의 내 친구들은 대개 이 만화를 보았다고 술회했다. 그러나 대전 촌놈인 내가 본 만화는 〈밀림의 왕자〉의 인기가 폭발하자 후발 주자로 나온 아류판으로, 제목부터가 〈밀림의 북소리〉로 바뀌었다. 12권짜리로 서봉재 씨가 그렸다. 그런데 서봉재 씨가 더 유명한 만화가였고, 권수도 두 권이나

밀림에 살려면 사냥이 필수였다.

둘째는 매리!

매리는 내가 아끼던 우리 집 사냥개 이름이다. 정식 사냥개는 아니고 그냥 똥개인데 '나 정식 사냥개 아니오!' 하는 식으로 귀가 7부 능선쯤 올라가다가 주저앉아 있었다. 당시 나와 친구들은 셰퍼드나 진돗개처럼 귀가 바짝 서야 사냥개로 인정했다. 다만 매리는 노란 털이 어떤 똥개보다 이뻤다.

동네 형과 나 그리고 몇몇 나를 따르는 동생들은 한국전쟁 때 미국 군인 윌리엄 딘(William Dean) 소장이 포로로 잡힌 세천(細川) 터널 쪽으로 실제 사냥을 나갔다. 그곳에 토끼가 많은데 어리버리한 토끼도 있을지 몰라서였다. 물론 매리가 앞장을 섰다.

그러나 아무리 헤매고 다녀도 매리가 튀길* 만한 어리

많았으므로 '북소리'의 인기도 만만치 않았다. 어쨌든 두 책 다 배경은 아프리카 밀림에서 모험하는 것이고, 주인공은 '철민'이었다.

* 튀기다 : 도둑이나 짐승 따위를 건드려서 갑자기 튀어 달아나게 하다.

버리 토끼가 없는 데다가 날은 저물고 배가 고파서 부득이 철수할 수밖에 없었다. 사실 매리는 아무 죄가 없었다. 자기가 정식 사냥개 아니라고 이미 귀로 밝혔기 때문이다.

오고 가는 길은 경부선 철길이었다. 그때만 해도 기차가 별로 다니지 않아서 비교적 안전했다. 그러나 무척 지루해서 우리는 당시 신곡으로 발표된 〈방랑시인 김삿갓〉을 작대기로 철도 레일을 두들겨 가면서 정말 산천이 떠나가도록 부르며 우리 동네 장도가를 향하여 북서진(北西進)하였다.

"니가 정말 국민학교 1학년 때 그런 노래를 불렀냐?"

하고 의심하는 서울 친구들이 있는데 지방 사정을 몰라서 하는 얘기다. 미안하지만 촌에서는 이런 노래를 못 부르면 사람 취급도 못 받았다. 그리고 한국전쟁 직후라 이 노래를 모르면 간첩으로 오인받을 수도 있었다.

오히려 내가 묻고 싶네요. 야, 서울에서는 그리고 서울 최고 명문 혜화에서는 〈학교 종이 땡땡땡〉만 부르고 이런 노래도 안 부르냐?

이 곡 발표된 게 1955년도이니까 벌써 70년이 지났건만 나는 아직도 3절까지 또렷이 기억한다. 한번 불러 봐?

죽장에 삿갓 쓰고 방랑 삼천리
흰 구름 뜬 고개 넘어가는 객이 누구냐
열두 대문 문간방에 걸식을 하며
술 한 잔에 시 한 수로 떠나가는 김삿갓

"1절만 해요 1절만!" 소리가 들리는 거 같아서 여기서 그치겠다. 좌우지간 들어 보시니 아시겠지만, 노래방 가서 화면 보고 겨우 따라 부르는 수준이 아니라는 걸 짐작하셨을 거다. 우선 꺾는 거며 길게 빼는 게 다르잖아요!

솔직히 대전 변두리에서 이런 노래는 다섯 살짜리 내 동생급 아이들이 주로 부르는 노래이고, 우리 같은 취학 아동들은 남인수의 〈청춘고백〉 같은 고급스러운 노래를 즐겨 불렀다는 걸 아셔야 한다.

원래 노래는 촌사람들이 더 잘 불러요.

야, 서울 촌놈 희철아, 이래도 내 말이 거짓말이냐?

사냥에서 소득을 못 얻은 나는 이내 고기잡이 쪽으로

방향을 바꾸었다. 동네 앞에는 대전천의 지류 중 하나인 대동천이 흐르기 때문이다. 작업 도구는 주로 소쿠리나 둥근 체였다. 그나마 약간의 소득은 있어서, '아버지, 돌 굴러가유!' 하는 나의 굼뜬 솜씨로도 피라미, 송사리류는 간혹 잡았다.

그러나 맨 잔챙이들만 걸리고 붕어같이 빠르고 힘찬 고기는 잡지 못해서 가슴이 뛸 만한 감동이 없었기에 고기잡이도 금방 접었다.

하여간 그다음부터 나는 야만적이고 원시적인 수렵·어로 생활에서 벗어나 그보다는 훨씬 문명적이고 신사적인 일, 즉 형들에게 유행가를 사사하고 남의 집 굴뚝 옆에서, 굴뚝을 한 손으로 짚고 모로 서서, 멋들어지게 꺾어 부르는 가인(歌人)의 생활로 접어들었다.

그래도 학교보다는 훨씬 재미있었다.

넷째, 마음을 나눌 만한 진정한 학교 친구가 없었다. 딱 하나 '내 건너' 동네, 가겟집에 사는 고기성이가 매일 우리 집에 와서 나와 동행을 해 주곤 했다. 그러나 얘는 공치사가 너무 심해서 나한테 비과 몇 개를 주고는 꼭 세어 보는

이상한 버릇이 있었다. 내가 비과 한 개를 먹으면

"윤수야, 너 한 개 먹었다!" 그러고

두 개째를 먹으면

"윤수야, 너 두 개 먹었다!" 이러고

내가 세 개째를 먹으면

"윤수야, 너 세 개 먹었다!" 이랬다.

나는 환장하겠어서

"에이, 씨팔 놈, 너랑 같이 안 댕겨!"

하고 절교 선언을 하곤 했다.

그런데도 다음날이면 고기성이는 비위도 좋게 우리 집으로 어김없이 찾아와

"윤수야, 학교 가자!"

이렇게 나왔다.

비과 주고 또 세고!

환장할 지경이었다.

다섯째, 아니꼬운 것도 싫었다. 학교 다 가서 왼쪽에 도보 다리 건너에 큰 제재소가 있는데, 그게 금강사(가명)다. 대전에는 산업 시설이 거의 전무하던 시절이라, 금강사 주인은 요샛말로 준재벌이고 학교에서 칙사 대접을 하

는 알아주는 A급 학부모였다.

근데 전교 학예회 때 1학년 대표로 여덟 명이 노란 옷을 입고 나와서 병아리 춤을 추는데, 수평아리인 내 짝으로 배정된 암평아리가 하필이면 금강사 딸이었다.

서울이 보이느냐, 안 보이느냐
아니, 아니, 안 보여, 아주 안 보여
병아리가 등에서 똑 떨어졌네!

이런 말도 안 되는 노래에 맞춰 춤을 추는 것인데, '보이느냐 안 보이느냐' 할 때 수평아리가 뒤에서 암평아리의 귀를 잡고 좌우로 기울이는 대목이 있다. 그런데 내가 너무 세게 잡아당겼던지 금강사가 "아얏!" 소리를 지르며 나를 흘겨보았다. 이때 내가 외친 말

"이 썅년! 너 집에 갈 때 죽여!"

학예회는 엉망이 되었다.

아, 싫다 정말.

여섯 번째, 선생님을 존경할 수 없었다. 하루는 청소 당번들이 다 도망가서 선생님과 내가 뒤치다꺼리를 했다.

선생님은 수수비를 들고 마루를 쓱쓱 대충 쓸고 지나갔다. 그러나 나는 양심상 차마 그럴 수 없어서 선생님 뒤를 쫓아다니며 확인 사살 식으로 깨끗이 쓸고 가는데 선생님이 뒤를 돌아보더니

"이놈의 새끼, 너 나를 무시하는 거냐?"

그 순간 가치관의 혼란이 왔다. 선생님이 옳으냐, 내가 옳으냐? 지금도 혼란스럽다.

이와 같은 이유로 나는 학교에 가지 않으려고 아침마다 도망 다니고 어머니는 나를 잡으러 다녔다. 내가 양쪽에 언덕이 있는 좁은 개울에서, 집에서 먼 쪽 언덕에 앉아 있으면 어머니가 "이놈의 새끼, 학교 안 가?" 하며 부지깽이를 들고 쫓아온다. 어머니는 언덕에서 언덕으로 바로 건너뛰지 못하고 언덕이 얕아지는 지점으로 빙 돌아 쫓아오는데 어머니가 가까이 오면 나는 가볍게 건너편 언덕으로 뛰고, 또 빙 돌아오면 또 뛰고. 이렇게 실갱이를 하다가 어머니가 "윤수야, 너 커서 뭐가 될라고 그러냐? 학교 가라 응?" 하고 울 것처럼 빌면 그제야 마지못해 학교를 가는, 그야말로 악순환이었다.

이렇게 학교를 가기 싫어하던 내가 학교를 가고 싶어 환장할 지경이 될 줄은 꿈에도 몰랐었다.

야반도주

아버지는 원래 대전 중심가의 원동시장에서 장사를 하다가 한 급(級) 밀려나서, 그보다는 약간 덜 중심지인 인동시장에서 제품 장사를 하는 B급 상인이었다. 술꾼인 데다가 주정이 심했으므로 나는 아버지를 어머니보다 더 우습게 보고 경멸하였다.

아버지가 술에 안 취했을 때는 사람이 그렇게 좋을 수가 없다. 완전 무골호인이다. 상인 근성이 있어서 네, 네 하거나 일본 사람처럼 하잇, 하잇, 이랏샤이 어쩌구 하며 하정배(下庭拜) 흉내를 내거나, 말을 안 해도 배 맛처럼 사근사근했다. 특히 우리 가족보다 남한테 잘했다.

그러나 술만 들어가면 앞뒤가 완전히 다른 사람처럼 변했다. 별명이 '인동 호랭이'였다. 그러나 말만 호랭이지, 배짱이 전혀 없어서 남한테 해를 끼치지는 않았다. 그러나 개하고 가족한테는 흉포하기가 짝이 없었다.

특히 개!

아버지는 큰 짐 자전거를 영원한 반려라도 되는 듯 끌고 다녔다. 제품을 나르기 위해서인데, 하여간 안 나르더라도 끌고 다니는 이상한 버릇이 있었다. 술 취한 아버지가 동네 입구로 꺾어 들며 50미터나 100미터에 한 번씩 자전거를 쾅! 하고 자빠뜨리며 비틀비틀 다가오는 소리가 들리면 온 동네 개들이 하늘을 보며 우우! 하고 슬픈 소리를 냈다. 그리고서 탈탈탈 자전거 소리가 가까워지면 일제히 자기네 집 마루 밑으로 들어가 일절 나오지 않았다. 나오면 걷어차이니까.

그다음부터는 가족이 당하는 시간이다. 우리도 야외나 이웃집으로 피하면 되는데, 미처 피하지 못하고 윗방에 숨어 있으면, 윗방 미닫이를 확 열어젖히고 주정을 시작한다. 1차전은 주로 안방에 있는 어머니가 당하는데, 내가 누군 줄 아느냐, 너 왜 나를 무시하냐, 내가 죽을 줄 아느냐, 내 야코 죽이지 마라. 밤새도록 이 네 가지 말만 똑같이 되풀이한다.

윗방으로 넘어오면 2차전인데, 아버지의 주먹이 언제 내 코로 날아올지 몰라 올밋졸밋하면서도 밤새 떨며 자는 척해야 했다. 아버지가 어머니 쪽으로 주정의 방향을 틀어 안방으로 넘어가며 미닫이문을 탁 하고 닫으면 그제야 나는 살았구나 하며 한숨을 쉬었다.

특별히 폭력적인 거 같지는 않았다. 어머니를 직접 때리지는 않았으니까. 그러나 간접 폭력은 장난이 아니었다. 밥상을 뒤엎거나 가구를 부수거나 장독대로 올라가 장독 뚜껑을 어머니에게 "받아랏!" 하며 던지기도 했다. 옹기가 퍽 하고 깨지며 파편이 사방으로 튀고 난리도 아니지.

어머니가 직접 맞지는 않았다 하더라도, 나는 어머니를 이해할 수가 없었다. 싸우든지, 도망을 가든지 하지 저게 뭔가. 싸우지도 못하고 도망도 못 가고 그냥 참고 사는 게 비겁해 보였다.

어머니는 친일파, 나는 독립군, 사상적으로는 극과 극이지만 아버지에게 피해를 입는 건 피차일반이어서 상호 방위 동맹을 맺었다. 싸울 때 같이 싸우고 도망갈 때 같이 도망가기로.

그러나 동맹인 어머니의 태도가 불분명했다.

"윤수야, 내가 느이들 때문에 도망도 못 간다!"

는 말을 수시로 했으니까.

왜 내 핑계를 대지?

그리고 싸우겠다는 것도 아니고 도망가겠다는 것도 아니고, 이게 뭐지? 그냥 도망가면 되는 거 아닌가?

나는 그때만 해도 어려서 한 가지 중요한 사실을 간과하고 있었다. 어머니와 아버지는 겉으로는 불화한 것처럼 보여도 끊임없이 새로운 아기를 생산하고 있었다는 사실 말이다.

어머니는 동맹을 배신하고 적국과 내통하고 있었다! 이게 진실이다.

그러나 나는 어머니가 결국 도망을 가긴 갈 텐데, 지금 당장 못 가는 것은 도피 자금이 없기 때문이라고 생각했다. 그래서 어느 날 밤 술주정을 하는 아버지를 피해 어머니와 나, 둘만 숨은 콩밭에서 나의 비밀 계획을 발설한 적이 있다. 아니나 다를까, 어머니는 내 예상대로 돈 문제를 들고나왔다.

"도망가려면 돈이 있어야 하는데 그만한 돈이 어디 있

냐?"

나는 어깨를 으쓱하며

"내 가방하고 책하고 공책 팔면 되잖아!"

이 정도로 나는 경제에 대해서는 한심한 수준이었고, 세상 물정을 모르는 철부지였다.

세상 물정에 눈을 뜬 것은 1958년도 국민학교 4학년 때다. 아버지가 몸뻬를 만든다고, 미군 담요를 기차 화차로 두 차분을 샀는데, 받고 보니 이게 다 넝마였다. 그런데 이런 넝마를 A급 담요라고 속여서 중간에서 어마어마한 수수료를 떼어먹은 자가 아버지와 아주 가까운 혈육이니 기가 막힐 노릇이었다.

아버지는 경상남도 마산으로 도망간 그를 잡으러 갔다가, 노름으로 돈을 다 날렸는지 아버지 당신보다 더 불쌍한 신세의 그를 발견하고, 그냥 그 사람이 사는 판잣집 옆의 판잣집을 얻어서 눌러살기로 작정하고 대전의 우리에게 기별했다. 비밀리에 다 내려오라고!

그래서 우리 집은 쁘띠 부르주아 계급에서 급전직하하여 반(半)거지 신세가 되어 가지고 온 식구가 처음으로 야반도주를 했다. 이게 1차 야반도주다.

대전역에서 완행열차를 타고 역이라고 이름 붙은 모든 역을 정차하며 하염없이 남하했다. 그래도 시골역 근처에 사는 아주머니들이 광주리에 담아 가지고 나온 뜨끈뜨끈한 찐 계란을 까먹는 재미가 쏠쏠했다.

지금도 나는 그때의 추억이 남아, 기차간에서 까먹는 것만 찐 계란으로 치지, 다른 데서 먹는 것은 찐 계란으로 치지도 않는다.

갈치

그러나 마산에 도착해 보니 우리 집은 추산동 산꼭대기에 있는, 말이 판잣집이지 실제로는 보루 박스*로 만든 움막이었다. 판잣집은 이 움막에 비하면 호화 주택이었다.

주거 문제는 그렇다 쳐도 교육이 더 문제였다. 아무리 가난해도 배우기만 하면 계층 상승의 희망을 가질 수 있다. 그런데 배울 기회마저 없다면 그때는 절망이다. 나는 절망 쪽에 가까웠다.

나는 빚 문제로 대전 신흥학교에서 전학증서를 절대로 떼 주지 않아 학교도 못 다니는 걸뱅이 신세였다. 하필이면 신흥학교 서무과장 돈을 떼어먹고 도주했으니 전학증

* 보루 박스 : 라면 박스 같은 골판지 상자.

을 떼려야 뗄 수가 없었다. 나라도 안 떼어 주지!

그런데 학교를 안 가는 거하고 못 가는 거는 차이가 있었다. 학교를 못 간다고 생각하니 그렇게 가기 싫던 학교가 갑자기 가고 싶어졌다. 변덕스러운 내 마음이 '좋다 할 땐 뿌리치고 싫다 할 때 달겨드는' 유행가* 가사 같다고 생각했다.

그 당시 마산은 갈치가 아주 흔해서 가난한 서민들도 갈치로 국을 끓여 먹었다. 그리고 은빛 나고 칼날 같은 갈치를 어디서 그렇게 구해 갖고 나오는지, 한두 마리씩 갖다 놓고 길에 쭈그리고 앉아 파는 사람이 많았다. 마치 러시아 계통 사람들이 초코파이 한두 개씩 갖다 놓고 팔듯이!

하루는 어디서 구했는지 어머니가 갈치 두어 마리를 가져왔다. 집에 돈이 하나도 없어서 어머니가 그걸 팔아 오라고 시켰다. 나는 남들 공부하는 그 시간에 길바닥에

* 유행가 : 남인수의 〈청춘고백〉 2절이 그렇게 시작한다.

나가 팔았다. 어른들이 지나가면서 "재는 학교도 못 다니고 갈치 장사하는구나!" 할까 봐 고개를 못 들었다.

그래서 갈치를 못 팔고 집에 갖고 와서 국을 끓여 먹었다. 나는 그걸 먹고 토사곽란*이 나서 사흘 동안 아무것도 먹지 못했다. 먹으면 토하고, 먹으면 토하고. 결국 내가 좋아하는 콩나물국을 끓여 달래서 그걸 먹고 나았는데, 어머니도 미안한지 더 이상 갈치 장사 나가라는 말을 안 했다.

그때 이후로 나는 한동안 갈치를 먹지 못했다. 지금은 갈치 트라우마를 극복했지만 지금도 갈치하고 고등어가 상에 있으면, 고등어에 손이 가지, 갈치에는 손이 안 간다. 갈치에는 숨기고 싶은 나의 과거가 숨어 있기 때문이다.

어쨌든 그래서 나의 경제 활동도 싱겁게 끝나고 석 달 동안 집에서 놀 때 주로 한 일은 추산동 산꼭대기에서 아

* 토사곽란 : 위로는 토하고 아래로는 싸는 병.

이들이 뛰어노는 성호국민학교 운동장을 부러운 눈으로 내려다보거나 태풍이 불 기미가 보이면 으레 마산 앞바다에 들어오는 미군 잠수함을 바라보는 게 취미였다.

오므라이스

이때 나를 구해 준 은인이 소위 '군정청장 딸' 큰누나다. 우리 집 연장자 중 나하고 친한 유일한 인물이다. 1958년 당시 큰누나는 신(新)마산에 있는 유치원에서 보모로 일했다. 그녀는 과거 대전 서(西)여고 재학 시절에 이미 무턱대고 전국 무전여행을 떠날 정도로 대담한 후라빠* 여성이었다.

나는 큰누나가 무전여행을 떠난 날, 정오 무렵의 풍경을 서편제 같은 유명 영화의 롱테이크 장면처럼 아직도 선명히 기억하고 있다. 누나는 기차가 우리 집에서 200미터쯤 떨어진 기찻길을 지나갈 때 손수건을 흔들기로 나하고

* 후라빠 : 왈가닥 건달 여학생. 원래 패션과 행동 양태가 자유로웠던 신여성들을 영어로 플래퍼(Flapper)라고 했다. '후라빠'는 일본식 발음이다.

약속이 되어 있었다. 약속된 시간에 기차가 지나가는데 보니, 과연 교복 입은 여학생이 기차 난간에 매달려 무릎을 굽실굽실하며, 마치 대보름날 아이들이 쥐불놀이 깡통 돌리듯 손수건을 크게 돌리는데, 얼마나 힘차고 리드미칼하게 돌리는지, 기차가 장난감처럼 작아 뵈고 오히려 사람이 커 보인다는 사실을 깨달았다.

하여간 나 혼자 보기에는 아까운 인물인데, 그 인물이 성호국민학교를 찾아가

"국민학교는 원래 의무교육 아닌가요? 전학증 없다고 공부를 안 시킬 겁니까?"

하고 교장 선생님한테 따지는 바람에 나는 간신히 4학년으로 복학할 수 있었다.

물론 복학하는 데 나의 달리기 실력이 한몫한 것도 사실이다. 누나가 내 동생 잘 뛴다고 교무실에서 너무 흰소리를 친 까닭에 몇몇 선생님들이 지켜보는 가운데 4학년에서 제일 빠른 이철진(가명)하고 시합을 했으니까. 교무실 앞에서 운동장 끝에 있는 교문을 찍고 출발선으로 돌아오는데 2, 3미터 차이밖에 안 났다. 이철진은 나중에 국가

대표 100미터 선수까지 지낸 인재이니, 나도 엄청 빠른 거였다.

선생님들은 고개를 끄덕끄덕하며 나의 실력을 인정해 주었다. 대신에 나는 반강제적으로 육상부에 들어야 했다.

나는 달리기에서 항상 이철진에게 졌다. 열 번 달리면 열 번 다 졌다. 그러던 어느 날 내가 팔 각도를 한번 바꿔 봤는데 이철진을 제친 적이 있다. 그래도 열 번 달리면 아홉 번은 졌지.

그런데 이 한 번 이긴 걸 가지고 5학년 상급생들이 나를 패려고 들었다. 이유는 딴 데서 온 놈이 어떻게 '우리'의 이철진을 이길 수가 있느냐는 것이다.

내가 이철진을 못 뛰게 한 것도 아니고, 팔 각도를 한번 바꿔 본 것뿐인데 그러면 안 되냐?

그리고 왜 나는 한 번도 이기면 안 되냐? 치사한 놈들, 이건 말이 안 되는 거지! 나는 육상부에 덧정이 없어졌다.

때마침 어머니가 학교에 와서 보리밥 먹는 애가 무슨 운동이냐? 나도 일본에서 육상 선수 해 봐서 아는데 육상은 못 먹으면 안 되는 운동이다. 나도 일본 선생님들이 오므라이스, 카레라이스 사 줘서 운동한 거다. 그리고 얘는 어려서부터 몸이 약해서 질레* 운동하다가는 무슨 사달이 날지 모른다고 육상부 선생에게 겁을 줘서 육상부에서 간신히 나올 수 있었다. 아마도 오므라이스, 카레라이스가 결정적이었던 거 같다. 육상부 선생이 무슨 돈이 있어?

* 질레 : '계속'이라는 뜻의 경상도 사투리. 주로 부정적인 행동을 계속할 때 사용한다.

노리끼리

지금 그분 이름은 잊었지만, 4학년 담임은 인품이 있는 덕스러운 분이셨다.

육상을 그만둔 나는 과감하게 방향을 틀어, 땅에서 하늘로 눈을 돌렸다. 지금 와서 얘기지만, 아마도 하늘로 눈을 돌리게 된 건 밤하늘의 별들과 가까운 추산동 산꼭대기에 살아서 자연스레 방향이 틀어진 게 아닐까 하는 생각이 든다.

하여간 그리하여 다소 건방지게 들릴지 모르겠지만, 나 나름대로는 과학적인 방식으로 지구에서 태양까지의 거리를 새로 측정하였다. 그것은 교과서와 엄청난 차이가 있었지만, 나는 시험 때마다 내가 측정한 거리를 고집스럽게 써내서 선생님에게 혼이 나곤 했다.

"하, 이 자식, 또 이렇게 써냈네."

그러나 선생님은 내가 이토록 고집이 세고 결점이 많은데도 불구하고 사내답고 씩씩하다며 나를 좋아하셨다.

나는 당시 상급생인 5학년 애들과 싸워서 5학년 애들이 복수한다고 우리 교실로 쳐들어 와 나를 포위하고 또다시 우당탕통탕한 적이 있다. 그런데 선생님은 그 사실을 알고 5학년 애들을 야단쳐서 다시는 우리 반에 범접하지 못하도록 하셨다.

물론 나는 걔들이 5학년인 줄도 몰랐다. 왜 5학년이라고 이마에다 크게 써 붙이지 그랬냐? 내가 알아서 기게! 얘들은 꼭 지들이 안 써 붙여 놓고 4학년 아새끼가 건방지니 뭐니 한다니까.

당시 마산에서 최고 명문인 성호국민학교에는 일제 야구 글러브와 배트를 갖고 다니며 방과 후 극장에 들러 영화를 한 편 이상 때리는 부잣집 아이들도 있었지만, 끼니조차 때우지 못하는 추산동 산꼭대기 판자촌 아이들도 많았다.

나는 가난한 판자촌 아이지만 밀수를 하는 부잣집 아이들에게 기죽을 생각은 추호도 없었다. 솔직히, 턱없이 오만했지! 좋게 말해서 긍지가 강한 건데, 또한 나는 다른 학생들이 갖지 못한 특수한 기술까지 갖추고 있었다.

나는 중공군에게 일곱 번 포로가 되었다가 일곱 번 탈

출한 이종사촌 형으로부터 탈출의 비법을 전해 받은 전수자여서, 5학년 상급생들의 포위망쯤은 쉽게 뚫을 수 있었다. 나는 사실 5학년이 아니라 6학년이 포위를 하더라도 얼마든지 뚫을 자신이 있었다.

어쨌든 이 정도 긍지와 기술이 있으니 인품이 있고 덕스러운 선생님이 좋아하지 않을 수가 있나? 선생님은 부담스러울 정도로 나를 좋아하셨다.

하여튼 5학년 포위 사건 이후로 선생님은 말끝마다

"5학년 때는 무조건 한윤수가 반장을 해야 된다"

하는 식으로 아이들을 세뇌시켰다. 선생님 말이라면 무조건 듣는 아이들이 많아서 내가 반장이 되리라는 것은 아무도 의심하지 않았다.

그러나 정작 5학년 때는 시골에서 올라온 촌뜨기 선생이 우리 담임이 되었다. 이 선생은 얼굴색이 이상하게 노리끼리했는데, 내 살다 살다 지금까지 이 정도로 노리끼리한 얼굴을 본 적이 없다.

야, 진짜 희한하게 노리끼리하네! 어디 아프거나 병이 있어서 노리끼리한 것도 아니고 저게 뭘까 하다가

앗, 지옥의 빛이다!

하고 크게 소리를 지를 뻔했다.

그것은 일단 죽어서 관(棺)에 한 번 들어갔다가 지옥의 맛만 살짝 보고, 염색(染色)은 덜 빠진 채로, 다시 산 것으로 판명되어 사흘 만에 관(棺)에서 나온 사람의 얼굴빛이었다.

밀수의 도시

당시 마산은 밀수(密輸)를 직업으로 하는 신흥 부자들이 엄청 많았다. 밀수라면 마약 밀수나 다이아몬드 밀수나 참깨 밀수를 연상하는 요즘 사람들로서는 상상이 잘 안 되겠지만, 밀수는 절대 나쁜 게 아니다.

당시는 아무것도 없었다.

먹을 걸로 예를 들어 보자.

자유당 때는 먹고 죽을래도 먹을 게 없었다.

먹을 게 왜 없어? 쌀이 있지 않나? 쌀이 어딨어. 그건 보지도 못해요. 그럼 보리는 있겠지? 보리 없어. 춘궁기(春窮期) 몰라? 춘궁기! 그럼 밀가루나 콩이나 옥수수도 없나? 당연히 없지. 안 키우잖아. 그럼 혹시 설탕이나 애들 먹일 우유는? 없어. 얻다 대고 까불어.

아무것도 없어!

이러니 국민을 안 굶겨 죽이려면 이걸 외국에서 갖고

와야 하는데, 합법적으로 갖고 오려면, 절차도 복잡하고 시간과 비용이 애들 장난이 아니에요. 그냥 굶어 죽는 게 나아! 그래서 밀수를 하는 거지. 일단 시간과 비용이 절약되잖아.

쌀, 보리, 밀가루, 콩, 옥수수, 설탕, 우유!
이걸 뭘로 만들어?
밀수!

그래서 얘긴데, 당시 밀수는 우리나라 삼천만 인구를 먹여 살리는 유일하고 확실한 방법이고, 정관계와 재계가 똘똘 뭉쳐서 해 먹는 그야말로 황금 업종이며, 마산과 통영과 여수야말로 가장 밀수가 성행하던 3대 도시였다.

물론 세무서, 관세청, 경찰 그리고 검찰과 공공연하게 짜고 하던 일종의 반관반민(半官半民) 사업이다. 지금 재벌들도 상당수는 그 당시 밀수를 하여 부자가 된 사람들이다. 설탕, 밀가루, 시멘트가 그들이 가장 선호하는 품목이었다.

그래서 밀수 세계 최고, 톱, 1위였던 마산은 극장, 다방,

유흥주점, "오동추야 달이 밝아 오동동이냐!" 하는 오동동의 니나놋집이 즐비하고 강아지도 지폐를 물고 다닐 정도로 흥청망청한 도시였고, 시골에서 갓 올라온 노리끼리한 담임은 눈이 휘둥그레져서 밀수를 하는 학부모들에게 노골적으로 친밀감을 드러냈다.

반장 선거

반장 선거 날이다. 투표가 끝나고 바로 개표를 하면 되는데 노리끼리한 담임은 늦었다며 개표를 다음 날로 미루었다. 60명 개표하는 데 10분이면 끝날 일을! 그때는 자유당 때로 그런 부조리한 일이 비일비재했다. 나는 떨어졌다는 것을 직감했고 다음 날 개표한 결과 나는 아무것도 되지 않았다. 반장은 밀수를 크게 하는 집 아이가 되고 부반장은 유명한 외과 의사 아들이 되었다. 나는

"나 찍은 사람 손 들어!"

하고 소리를 질러보았지만 노리끼리한 담임으로부터

"저 눔으 시끼가!"

소리를 들었을 뿐이다.

나는 그날의 상황과 심정을 일기에 적었다. 사실 나 이거 누구한테 해코지하겠다거나 보이려고 적은 거 절대 아니다! 그날 일기에 적을 게 없어서 적은 거다.

"14일, 화요일, 맑음, 별일 없음."

이렇게 적을 수는 없는 거 아닌가.

근데 한 달 후에 이게 신문 기사가 될 줄은 꿈에도 몰랐다. 그 당시는 추산동 산꼭대기에서 내려와 평지인 북(北) 마산 파출소 앞 적산가옥*에 방 한 칸을 빌려 살 때다. 보루 박스에서 많이 발전했지!

우리에게 방을 세준 주인집 아저씨가 하필이면 마산일보 기자였다. 하루는 오지랖이 넓고 다정다감한 그 아저씨가

"이놈들, 일기장 가져와 봐라"

하며 셋방집 아이들 일기장 검사를 하다가, 내 일기장에서 담임의 부조리를 발견하고 마산일보 가십난에 실은 것이다.

"왜 하필이면 우리 성호냐?"

마산에서 최고 명문인 성호국민학교가 난리가 났다.

* 적산가옥 : 적산(敵產)은 '적의 재산', 즉 일본 사람의 재산이라는 뜻. 일본 사람이 살다 버리고 간 집을 적산가옥이라 했다. 근데 적산가옥 불하는 큰 이권이어서, 소위 힘 있는 사람들이 많이 달려들었다.

담임은 우리 집에 기다시피 와서 그 노리끼리한 얼굴로 개개 빌었다. 그러고는 침통한 표정으로 다시 실권(失權)된 사람처럼 시골 학교로 쫓겨 갔다.

기피 인물

하지만 그날 이후로 나는 선생 잡아먹은 기피 인물이 되어, 가뜩이나 외톨이인데 더 외톨이가 되었다. 아무도 내 곁에 오지 않아서 바닷가에 나가 돌멩이를 차며 혼자 놀거나 장돌뱅이처럼 여기저기 구경을 다녔다.

당시 마산은 씨름의 본고장으로, 몽고정(蒙古井)* 앞마당에서 전국 규모의 씨름대회가 수시로 열렸다. 그래서 전설로만 듣던 김학용 장사나 김성수 장사 같은 고수들의 솜씨를 공짜로 구경할 수 있었다. 내가 특히 주목한 것은 누구나 배우기 쉬운 안다리 걸기였다.

나는 어깨너머로 배운 그 기술로 봄 소풍에 가서 다른

* 몽고정 : 고려 때 이곳에 주둔한 몽골 군사와 말에게 먹이기 위해 만든 우물. 일본 정벌을 노리는 몽골 함대는 이곳 마산(당시 이름은 합포)에서 출항하였다.

반 아이들 안다리를 계속 걸어 넘어뜨렸다. 10여 명을 넘어뜨렸는데도, 그리고 내가 지쳐 헉헉거리며, '이제 그만하면 안 돼요?' 하는 표정으로 선생님 얼굴을 쳐다보는데도, 새로 온 담임은 그만두라고 하지도 않고 내가 쓰러질 때까지 계속 씨름을 시켰다.

나는 선생님에게 화가 났다. 왜냐하면 마산에서 이런 말도 안 되는 경우를 너무 많이 당했기 때문이다. 한 가지 예를 들겠다.

신마산에 있는 큰누나가 근무하는 유치원에 놀러 갔을 때다. 그 동네 노는 놈들이 나에게 싸움을 걸었다. 처음에는 쪼그만 애를 시켜서 깔짝깔짝 나에게 시비를 건다.

"너 얘 이겨?"

이런 식으로. 내가 그 애를 싸워서 이기면 좀 더 큰 애를 붙이고, 걔도 이기면 더 큰 애를 붙이고, 걔도 이기면 완전 큰 애를 붙이고, 걔도 이기면 우 하고 달려들어 몰매를 때리는 식이다. 나는 그걸 알기 때문에 항상

"이 씨팔 놈, 너 이리 와! 나하고 직접 붙자!"

하고 두목과 직접 싸웠다. 그런데 두목이 대부분 나보다 나이 많은 애라 내가 주로 맞지만, 요행으로 약한 놈을

만나면 속 시원하게 두들겨 팰 때도 있었다.

나는 계속 씨름을 시키는 담임이, 계속 싸움을 시키는 그런 동네 두목 같다는 생각이 들어 화가 났던 것이다. 그렇다고

"야, 선생님, 너 이리 와! 나하고 직접 붙자!"

이럴 수도 없는 거고.

그래서 스스로 엉덩방아를 찧고 치워 버렸다.

씨름 못지않게 열광한 것은 영화였다. 그러나 입장료가 없었기 때문에 저녁에 시민극장이나 강남극장 앞에서 놀다가 영화가 끝날 무렵, 기도 아저씨*가 압사 사고 나지 말라고, 일찍 나가는 관객을 위해서 출입문을 활짝 열면, 거센 물결을 거슬러 올라가는 연어처럼, 쏟아져 나오는 인파를 헤치고 들어가 라스트 신만 구경하였다.

그때 본 라스트 신 중 기억에 남는 영화는 강남극장에

* 기도 아저씨 : 극장이나 유흥업소 출입문을 지키는 힘센 아저씨. 공짜 손님이 워낙 많았기 때문에 그 지역에서 완력이 아주 센 사람이 기도(일본어 '木戸')를 보았다.

서 상영한 〈꿈은 사라지고〉다. 그 라스트 신에서 낙엽이 우수수 떨어지는 가운데 문정숙이 부른 〈나는 가야지〉는 지금도 내가 애창하는 노래다.

하지만 내가 그 당시 극장 주변에서 한 일이 그렇게 나의 미적 감각만을 충족시키는 이기적이고 소비적인 행위로 그쳤느냐? 그건 아니다. 때론 건설적이고 희생적인 일도 했다.

콩쿠르 대회 예선이나 본선은 관객이 전혀 오지 않아서 무료였다. 그래서 나는 늘 극장에 드나드는 사람처럼, '들어가도 좋고 안 들어가도 좋지만, 에라! 불쌍해서 한번 들어가 주자!' 하는 식의 권태에 지친 듯한 표정으로 거만하게 극장을 드나들었다.

소프라노였던 작은누나가 성악 콩쿠르에서 마산제일여고를 대표해 지정곡과 자유곡을 부르면 나는 심사 위원석 뒤로 돌아다니며 심사평을 스캔해다가 누나에게 귀띔해 주곤 했다.

"바이브레이션이 너무 심하대!"

누나는 민첩한 첩보원이 제공하는 이 심사평을 토대로 약점을 차근차근 고쳐서 결국 진주에서 열린 개천예술제에서 전국 3등을 차지하기도 하였다.

아버지는 마산에서 헌 구제품 옷을 파는 노점상으로 변신해 있었다. 기가 많이 죽어서 술주정도 별로 안 했다. 간혹가다 통신표*를 보여 주면 일본말로

"카, 에라이나!*"

라고 하시며 돈을 주셨다.

나는 그 돈으로 학원사에서 나온 명작 소설을 빌려 보았다. 『몬테 크리스토 백작』을 축약한 『암굴왕』, 『제인 에어』, 『엉클 톰즈 캐빈』, 『해저 2만 리』, 이런 종류의 책들이다. 학원사에서 나온 책은 거의 다 보았다. 만화는 거의 안 보고 가급적 글자 많은 것으로 보았다. 만화는 그림으로 뻥튀기를 하여서 내가 가진 돈에 비해 볼 내용이 너무 적었기 때문이다. 나는 글자가 빽빽한 책을 봐야 소위 말해서 겐또*가 맞았다.

* 통신표 : 옛날에는 생활통지표를 통신표 또는 통신부라고 불렀다.

* 에라이나 : 기특하구나!

* 겐또 : 일본어 '見当'. 어림으로 짐작하다. 명사로 쓰면 어림짐작. 계산.

읽을 게 부족하면 '짤막 과학상식'류의 전거가 확실하지 않은 엉터리 책 같은 것도 보았다. 심지어 더 볼 게 없으면 아무거나 외우기도 했는데, 지금도 그때 운율에 맞춰 외우는 게 '아메리카 대륙발견 이탈리아 콜럼버스'다.

흰 쌀밥

내가 마산에 5개월만 더 있었으면 3.15 부정 선거로 집 앞에 있는 북마산파출소가 불타는 역사적 광경을 보았을 텐데, 아깝게도 청주로 이사를 가게 되었다. 왜 아깝냐 하면 내가 제일 좋아하는 구경이 싸움 구경하고 불구경인데, 싸움을 하면서 동시에 불을 지른 사건을 놓쳤기 때문이다.

내가 아는 3.15 부정 선거는 별 게 아니다. 노리끼리한 담임이 한 짓을 확대한 걸로 보면 된다.

노리끼리는 반장 선거한 날 밤, 투표함을 비우고 대신 자기가 쓴 투표용지를 넣어 놓았을 거다. 마찬가지로 자유당에서는 사전에 자유당 표를 40프로 정도 만들어 미리 투표함에 넣어 놓았다. 뭐가 다른가?

그런데 나는

"나 찍은 사람 손들어!"

하고 말았지만, 마산 시민들은 참지 않았다. 1만 명 이상이 모여 돌을 던진 거고, 수세에 몰린 경찰이 발포하여

일곱 명이 죽고 870명이 부상당하자, 이에 대한 보복으로 시민들은 파출소뿐 아니라 민주당으로 당선된 뒤 자유당으로 당적(黨籍)을 바꾼 국회 의원 '허윤수'의 집을 불태운 거다. 허, 얘도 윤수네!

그다음은 여러분이 더 잘 알 거다. 4월 11일 왼쪽 눈에 최루탄이 박힌 마산상고 김주열 학생의 시체가 마산 앞바다에 떠오르자 시위는 마산뿐 아니라 전국으로 번졌으며 결국 4.19 혁명이 일어났다.

마산에서 떠나던 날 아침 주인집에서 흰 쌀밥을 차려 주었다. 마산 생활 1년 반 만에 처음으로 먹는 흰 쌀밥이었다.

마산에서의 생활은 나에겐 잿빛처럼 우울한 고독 그 자체였다. 그곳은 밀수하는 부자들이 선생도 매수하고 국회 의원도 매수하고, 돈이 판치는 곳이어서 나같이 다른 가치를 추구하는 사람은 지기를 펼 수 없었다.

고요한 청주 마을

큰누나는 약간의 미모를 지니고 있어서 서울공대를 나온 발전소* 기술자와 교제를 하고 있었다. 그러나 그 사람을 버리고 이북에서 내려온 양조장 사장 즉, 부자 노총각한테 시집을 가 버렸다. 이것이 당시 가난한 집 딸이 친정을 살리는 기본 방식이었다.

그래서 누나의 도움으로 우리 집은 극빈(極貧)의 상태에서 벗어나, 어머니의 고향인 청주로 이사하게 된 것이다. 물론 빌린 것이지만 방 두 개가 딸린 도넛 가게가 우리 집이 되었다.

청주는 좋았다. 청주는 교육 도시였다. 당시는 아무것도 없는 도시를 흔히 '교육 도시'라고 불렀다. 그럼 뭐라고

* 발전소 : 마산에 화력발전소가 있었다.

불러? 부를 게 없잖아요! 그런데 이런 교육 도시가 의외로 많았다. 주로 고을 주(州) 자가 들어가는 오래된 도시 즉, 청주, 공주, 진주 등. 참! 춘천도 빼놓을 수 없지.

이런 도시들은 깨끗했다. 지가 깨끗해지려고 해서 깨끗해진 도시가 아니라, 돈이 전혀 돌지 않아서 어쩔 수 없이 깨끗한 청정(淸淨) 도시였다.

근데 이게 매력이었다. 이런 데서는 학문을 중시하므로 나같이 돈 없는 놈도 기를 펼 수 있었다.

나는 교동학교 5학년 3반 학생이 되었다.

나는 3교가 다 좋았다. 교육도시, 교동학교, 교가.

그중에서도 교가가 제일 좋았다.

왜 좋았을까?

음악 하는 사람치고 악한 사람 없다는 게 내 지론이다. 그런데 내 자랑 같지만, 나는 음악 욕심이 무지하게 큰 사람이다. 또 그만한 욕심이 있었기에 오늘의 내가 있는지도 모른다. 왜냐하면 인생의 어려운 시기마다 음악 즉 노래를 부르며 견뎠기 때문이다.

만일 음악적인 욕심이 큰 사람이 밴드 마스터*라면, 12인조 풀 밴드를 갖는 게 꿈일 것이다. 하지만 나는 재주가 메주라, 악기와는 담을 쌓은 사람이어서 전적으로 목청에 의존했다. 따라서 나의 욕심은 모든 노래를 듣는 데 만족하지 않고 직접 내 목으로 부르는 것이었다. 나는 틈만 나면 노래를 불렀다.

이건 지금도 마찬가지다. 아파트에 사니까 이웃집에 들릴까 봐 아주 작은 소리로 부르는 것이지만 하룻밤에 20곡에서 30곡까지도 부른다.

아시다시피 나는 학교 들어가기 전부터 작은누나에게 명곡을 배워서 제법 잘 부를 수 있었다. 〈내 고향으로 날

* 밴드 마스터 : 천재 작가 김운경이 쓴 TV 드라마 〈서울의 달〉에 12인조 풀 밴드를 갖는 게 꿈인 밴드 마스터가 나온다. 나는 한국의 셰익스피어라 할 수 있는 김운경 선생의 영향을 지대하게 받은 사람으로, 일상생활에서 쓰는 말 자체가 김운경 드라마의 대사로 되어 있다고 해도 과언이 아니다. 따라서 이 회고록에도 김운경식 표현이 많이 나온다는 점을 양해해 주기 바란다. 김운경 작가는 나보다 여섯 살 아래지만 나의 진정한 스승이다.

보내주〉, 〈켄터키 옛집〉 같은 노래를.

더구나 마산 시절에는 콩쿠르 대회에서 고등학생들이 부르는 지정곡, 자유곡을 귀에 못이 박히도록 들어서 여러 곡을 저절로 외웠다. 가령 지정곡이 황진이(黃眞伊) 작사, 김성태 작곡 〈꿈〉인 경우 20명 이상의 출전 학생들이 부르는 걸 다 들었으니 그들의 우열을 가릴 수 있었고, 꿈에서 황진이를 만날 정도였다.

더구나 심사 위원석 뒤로 돌아다니며 그들의 채점까지도 커닝했으니 심사 위원들의 우열도 가릴 정도였다. 클라식 명곡은 그렇고.

또 아시다시피 나는 국민학교 저학년 시절 수렵 · 어로 생활에서 벗어나 추구한 문명 생활이 모든 유행가를 꺾어 부르는 가인(歌人)의 생활이었다. 그리고 먼 훗날 서울에서 대학 다닐 때는 우리 가요의 부흥을 위하여 '가요반세기 클럽'까지 만든 대중가요 전문가였다.

그런데 명곡과 유행가 사이에 내가 못 해 본 음악 분야가 딱 하나 있었으니 그게 바로 교가(校歌)였다. 그러나 처음에는 교가 같은 것은 거들떠보지도 않았다. 왜냐하면 가사 자체가 꿀타리 먹은 케케묵은 내용 아닌가. 강산의 정기, 금수강산, 모여든 우리, 반만년 역사, 어버이 스승, 뜻을 받들어, 젊은이 등불, 민족정신, 대한의 건아 등.

곡은 또 어떠냐? 느리고 청승맞기 이를 데 없잖아.

그러다 발견한 것이 쉽고 빠르고 명랑한 교동학교의 교가였으니 내가 얼마나 환장하겠나?

한번 들어 보실래요? 기가 막혀요.

우암산 산꼭대기 먼동이 틀 때
무심천 잔물결에 샛별이 떴다
고요한 청주 마을 교동 국민은
대한의 자라나는 우리들 학교
명랑한 우리 학교 즐거운 학교
여기서 배워가는 우리는 행복

나는 산꼭대기 출신이라 산꼭대기가 나오는 첫 구절이 마음에 드는 데다가, 빠른 행진곡풍이라 더 좋았다. 다른 학교 교가들은 도무지 게임이 되지 않았다. 우선 청승맞은 데가 없잖아! 나는 전 세계에서 제일 빠르고 명랑한 교가라고 생각한다.

이거 무슨 '충청북도 육상선수권대회' 같은 데서 부르면, 청승맞은 교가만 부르는 다른 학교 아이들은 충격을 받고 가슴이 답답해지며 기가 팍 죽었다. 왜 우리는 저런 교가를 못 부르나? 하고. 다른 학교 아이들은 시합하기 전부터 이미 지고 들어가는 시합을 했다는 걸 아셔야 한다.

이건 가정이지만, 내가 만일 주성이나 중앙 같은 중심지 학교에 배정이 되었으면, 모르긴 몰라도 결국 거기서 졸업을 못 하고, 약간 변두리라도 좋으니 교동으로 옮겨 달라고 울고불고 난리를 쳤을 거 같다. 나는 내 교가(校歌) 나쁜 건 참아도, 남의 교가 좋은 건 못 참는다!

그래서 3교 중에서 교가가 제일 좋다고 한 건데 이해를 하셨을랑가 모르겠다. 하여간 넘어가자. 어디서 끊겼더라. 맞아. 교동학교 5학년 3반 전학 가서 뭐가 좋았나를 얘기할 차례지!

심상복 담임 선생님도 좋았다. 풍금을 잘 치시는 나이

많은 분인데 처음 전학 온 나에게 노래를 시켰다. 나는 흑인 영가 〈내 고향으로 날 보내주〉를 불렀다. 얼마나 마음에 들었는지 나를 꼭 안아 주셨는데 양복에서 구수한 담배 냄새가 났다. 이때부터 난 골초가 될 조짐을 보였다.

그리고 남녀 공학이란 점도 마음에 들었다. 경상도 사투리를 쓰는 내가 흥미로운지 뒤에서 여학생들이 연필로 콕콕 찔렀다.

내가

"이 가시나들이!"

하면 까르르 웃었다.

소림사

내가 전학 간 교동학교는 주성이나 중앙 같은 중심지 학교가 아니라 약간 변두리 학교였다. 그렇지만 1학년부터 6학년까지 전교생이 조회하기 전에 성당산 산꼭대기까지 뛰어 갔다 오는, 전교생 마라톤을 시행하는 독특한 학교였다. 그리고 남녀를 불문하고 전교생이 뜀틀을 뛰어넘고 철봉에 매달려 빙빙 도는 데다가, 100미터를 14초대로 뛰는 아이들은 수두룩하고, 13초대로 주파하는 아이들까지 두어 명 있었다.

충청북도 육상선수권대회에 나가면 그 조그만 학교가 100미터, 200미터, 400미터 계주, 높이뛰기, 넓이뛰기, 3단뛰기 등 거의 모든 종목에서 우승을 휩쓸었다. 그야말로 상무정신(尙武情神)으로 무장한 씩씩한 학교였다. 무술로 치면 소림사(少林寺) 같은 학교인데, 숭산(嵩山) 밑에 있는 게 아니라 성당산(聖堂山) 밑에 있고, 무술을 하는 게 아니라 육상을 하는 게 약간 달랐을 뿐이다.

하여간 나는 육상 선수는 아니지만 400미터 계주 3번 주자보다 빨랐으므로 스스로 문무를 갖춘 교동의 대표로 자부했다.

나중 얘기지만, 교동 출신들은 어딜 가도 표가 났다. 애들이 터무니없이 억세어서 청주중학뿐 아니라 청주여중까지 확 잡았다.

히틀러

얼마 가지 않아 심상복 선생님도 마산의 4학년 때 담임처럼

"6학년 때는 반드시 한윤수가 반장이 되어야 한다!"

소리를 뇌기 시작했다.

그러자 마산에서처럼, 곧 토호(土豪)들의 반발이 시작되었다. 하지만 방식이 약간 달랐다.

마산의 학부모들은 실력 차이를 솔직히 인정하고 돈으로 나를 뭉개 버렸지만, 청주의 학부모들은 바다가 없어서 밀수도 할 수 없는 데다가, 또 뭉개 버릴 만한 돈도 마련할 길이 없기 때문에, 직접 성적을 문제 삼는 길을 택했다. 내가 부정행위 즉 커닝으로 성적을 조작한다는 것이다.

그리하여 극성스러운 A급 학부모들이 직접 출제하고 동시에 인간 CCTV가 되어 감시하는 가운데 기존의 1, 2, 3등과 나, 이렇게 네 명만 공개 오디션 방식으로 시험을 보게 되었다.

결과는 변하지 않았다. 학부모들은 겸손해졌고, 청주는 교가(校歌)처럼 다시 '고요한 청주 마을'이 되었으며, 기존의 1, 2, 3등은 평생 나의 친구가 되었다.

6학년이 되어 심상복 선생의 바람처럼 나는 압도적인 다수표로 반장이 되었다. 그러나 나는 저희들이 바라는 그런 먹다 남은 떡 같은 '선량한' 인간이 아니었다. 솔직히 '악질'이어서 약간의 무력(武力)을 사용하여, 오재미* 경기가 열린 운동회장처럼 소란스러운 교실의 분위기를 60명 동자승들이 수행하는 조용한 절간처럼 만들어 버렸다.

당시는 4.19 때라 데모가 유행이었다. 내가 변소에 갔다 오니 아이들이 왁자지껄하며

"히틀러는 물러가라!"

고 데모를 하고 있었다.

가만히 들어 보니 그 히틀러라는 놈이 바로 나야. 말도

* 오재미 : 일본어 'おじゃみ'. 콩 주머니. 학교 운동회에서 콩 주머니로 박을 터뜨리는 경기.

안 되는 거지! 그래서 시위대 맨 앞에 선 시위 주동자* 같은 놈을 한 대 갈겼다. 내가 어떻게 히틀러냐고. 그래서 데모는 얼떨결에 진압되었지만, 그때부터 아이들은 나를 히틀러로 생각하고 나는 아니라고 부인하는 불안한 동거 생활이 시작되었다.

* 시위 주동자 : 나는 그가 시위대 맨 앞에 선 데다가 우리 반에서 완력도 가장 센 아이여서 주동자인 줄 알고 한 대 갈긴 거다. 그러나 그는 자기가 시위를 주동한 게 아니라 오히려 시위를 말렸다고 해명했다. 그는 고등학교 때까지도 나만 만나면 그때의 억울함과 서운함을 토로했는데, 나는 그때의 내 경솔했던 행동에 대해서 참 미안하게 생각한다. 내가 흥분한 데다가 오판해서 그랬다. 이 자리를 빌려 다시 한번 사과를 드린다. 더구나 그는 나보다 훨씬 먼저 세상을 떠났으니 더 미안할 뿐이다.

팥빙수

반장이 되었다고 해서 크게 달라진 점은 없었다. 나는 여전히 가난했고 입장료가 없었기에 동아극장에서 라스트 신만 구경하였다. 친구 아버지가 동아극장 근처 양복점 주인이었다. 나는 양복점에서 친구와 놀다가 영화 끝날 무렵에 시간 맞춰 가서 라스트 신을 보았다.

아, 달라진 점이 하나 있다. 우리 도넛 가게에서 팥빙수도 갈아서 팔게 되어, 우리 집안에서 사회성이 비교적 덜 나쁜 내가 얼음 주문을 맡게 된 것이다.

이때부터 나는 소년 가장이 될 조짐을 보였다. 우리 부모는 어려운 일은 무조건 나한테 맡기고 일절 협조할 생각이 없었다.

전화가 무척 귀한 시절이라, 자전거를 타고 학교 앞 큰 가게 교동상회까지 가서 5원 내고 가게 전화를 빌려 쓰는 것이다. 근데 이게 보통 쑥스럽고 식은땀 나는 일이 아니었다.

신언서판(身言書判) 중에서 언(言) 즉 말을 못하는 것은 우리 집 전통이었다.

아버지는 말하는 게 무서워서 관공서라면 동사무소에도 절대 안 가는 분인 데다가, 왜정 시대 말기 쌀 공출(供出)이 심하던 시절, 일본 순사가 "쌀 어디다 감췄어?" 하고 으름장만 놓아도, 쌀 숨겨 놓은 뒤꼍으로 달려가 볏짚을 헤치며 "여기요!" 하는 양반이었고,

어머니는 일본 순사가 일본말 좀 한다고 애국반장을 시켰을 때, 연설 한마디 하라니까 단에 올라가긴 갔는데, 사람들 얼굴이 보름달처럼 덩실하게 보여서 당황해 있다가 느닷없이 "우리들은요, 무식해요!" 딱 두 마디만 하고 내려온 양반이었다.

나도 전혀 나을 게 없어서 나의 의사와는 상관없이 억지로 떠밀려 전교 회장 선거에 나갔을 때, 말하는 게 무서워서 어디 다른 학교로 전학 가는 묘수는 없을까 고민하던 놈이었다. 다행히 3.15 부정 선거가 터져서 정견 발표가 연기되자 나는 너무 좋아서 부정 선거를 찬양하였고 4.19 혁명이 성공하여 다시 정견 발표를 하게 되자 너무 실망하여 혁명을 원망했을 정도였다.

그토록 말하기를 무서워하는 나에게 전화를 걸라니?

이건 무(無)경우여, 무경우!

하긴 1960년 그 당시는 솔직히 우리 집뿐 아니라 다른 집 부모들도 말하는 게 쑥스러워서 전화 걸라면 죽기보다 싫어하던, 석기 시대 원시인 같던 시절이긴 했다!

그러나저러나 어쩌랴. 나에게 주어진 운명인데 해야지.

떨리는 가슴을 진정하느라 으흠, 으흠 헛기침을 두어 번 하고 전화기 핸들을 조심스럽게 돌리면 졸린 듯한 목소리의 교환양이 나온다.

"몇 번요?"

"저기 말여요, 37번요."

그러면 얼마 있다 결국 퉁명스러운 얼음 창고 주인이 나온다.

"여보시옷!"

아따, 귀청 떨어지겠네.

"저기요. 23 육군병원 옆에, 용화사 가는 길 입구에 있는 도나쓰 가게로 오후 두 시까지 얼음 세 덩어리 보내 주세요."

요런 식으로 똑 부러지게 말하면 오죽 좋아? 그러나 그렇게는 못 하고 촌놈처럼

"아, 여보세요?"

를 반복하며 얼마나 우물거렸던지!

아, 땀 난다 정말.

그때의 버릇이 남아 지금도 나는 전화를 더듬는다.

아, 또 전화 왔다.

"아, 여보세요?"

땀 나네.

수박 서리

6학년 담임은 시골 학교서 올라온 사람인데 성격이 복잡했다. 내가 수학여행 갈 돈이 없어 못 가게 된 날 저녁, 술이 얼근해서 도넛 가게로 찾아와서는

"반장이 수학여행을 못 간다는 게 말이 되냐? 내가 내일 데리러 올 테니까 같이 가자. 돈은 걱정 말고!"

해 놓고는 정작 그날은 아무 일도 없었다는 듯 그냥 출발해 버렸다. 차라리 그게 더 나았다. 남의 돈으로 가느니 안 가는 게 떳떳하지!

담임은 단편 소설 〈사랑방 손님과 어머니〉처럼, 하필이면 홀어머니와 사는 아이의 집에서 하숙을 했다. 그런데 그 집에서 부잣집 아이들을 모아 과외도 가르치는 바람에, 염문(艶聞)에다 불법 과외에다 소문이 양쪽으로 안 좋았다.

별명이 '개뼉다구'였다. 당시는 시험지를 등사판에 밀

어서 인쇄했다. 근데 한 아이가 등사 원지 귀퉁이에 철필로 '개뻑다구'라고 써넣어서 시험지에는 개뻑다구가 그대로 인쇄되어 나왔다. 아이들은 시험 보며 쿡쿡 웃었다.

나는 담임한테 과외를 못 받는 아이들을 모아 가지고, 으슥한 밤, 군고구마 장수 카바이트 불빛* 아래서 지키고 있다가, 과외받고 나오는 애들을 포위해서 겁을 주기도 했다.

"신용쟁이,* 이 쉐끼들! 느이들, 선생님이 시험 문제 다 가르쳐 줬지?"

* 카바이트 불빛 : 깡통에 물을 붓고 조그만 탄화칼슘(CaC2) 덩어리를 넣으면 가스가 나오는데, 그 가스를 대롱을 통해 나오게 해서 대롱 입구에 불을 붙이면 환하게 불빛이 났다. 밤에 장사를 하는 많은 이들이 이 등을 썼다. '카바이트'라는 말은 탄화칼슘의 영어 명칭 'calcium carbide'를 줄인 것인데, 정확한 발음은 '카바이드'이나 그런 건 아무도 따지지 않는다. 발음해 보라. '카바이트'가 훨씬 편하다.

* 신용쟁이 : 선생님에게 금품을 제공하고 선생님의 신용(편애)을 받는 아이를 흔히 신용쟁이라고 불렀다. 와이로쟁이라는 말도 비슷한 뜻으로 썼다.

요런 식으로.

하여간 나는 못돼 먹은 구석이 많았다.

당시 나는 여러 가지 일을 꾸몄다. 한번은 친한 애들 몇 명과 청주 시내에서 십 리쯤 떨어진 까치내라는 곳에 수박 서리를 간 적이 있다. 거기 가면 수박밭이 널렸고 수박을 배 터지게 먹는다고 해서 갔는데, 웬걸! 원두막에서 망을 보는 밭 주인들의 감시가 너무 심해서 어수룩한 밭고랑에서 어렵사리 굴려 갖고 나온 조그만 수박 한 개를 여럿이 나눠 먹고 서리를 일찍 치워 버렸다.

돌아올 때는 배가 너무 고파 허깨비가 보일 정도여서 길섶 밭에서 가지를 따 먹었다. 그때 느낀 건 두 가지다. 가지는 아무 맛이 없어서 한 개 이상은 무리다. 가지는 생각보다 가볍다.

또 서청주에 있는 부모산에 우리 반 아이들 여럿이 떼를 지어 칡뿌리를 캐러 간 적도 있다. 그 산의 칡은 알칡이라고 해서 간 건데, 칡이 있으면 박힌 돌이 많고, 흙이 좋으면 칡이 없어서 뭔가 일이 잘 안 풀렸다. 하여간 지금도 그렇지만, 그 당시 내가 꾸민 일은 성공한 게 별로 없고 거의 실패였던 거 같다.

어찌 됐든 그날, 산에서 내려다보이는 초가집 여기저기에서 매캐한 구들장 냄새와 함께 파란 저녁연기가 피어오를 무렵, 너무 춥고 배가 고파서 산 아래 동네를 지나서 큰 길가에 사는 김광동이네 집까지 기다시피 가서 염치 불고하고 저녁을 얻어먹었다. 광동이 어머니가 하얀 쌀밥을 지어 주셨는데, 윤기가 흐르던 그 쌀밥은 왜간장에만 찍어 먹어도 어찌 그리 맛있던지! 흡사, 혀와 목구멍이 녹아내리는 거 같았다. 내 지금까지 수많은 음식을 접해 보았지만, 그날의 쌀밥 맛을 능가하는 음식을 아직 찾지 못했다.

그렇게 수박 서리와 칡뿌리의 추억과 함께 나의 국민학교 시절은 저물어 버렸다.

걸어가는 마라톤

나는 청주중학교에 입학했다.

학교가 마음에 들었다.

교문을 들어서면 나를 푸근하게 맞아 주는 잘 가꾼 정원에, 오래된 교사(校舍) 그리고 아름드리 수양버들에다 운동장 끝에 늘어선 측백나무 울타리 등 그림 같은 학교였다.

선생님들도 아등바등 가르치는 분도 없고, 학생들을 즐겁게 놀게 해 주는 분위기였다.

최고 인기는 옛날얘기를 영화관의 변사(辯士)처럼 실감 나게 해 주는 생물 선생이었다.

"그날은 진눈깨비가 스척스척 뺨을 스치는 날이었지. 고갯마루를 막 넘어서서 한 발을 내디뎠을까? 그때!"

하면 끝나는 종이 따르릉 울린다. 아이들은 에이! 하고 한숨을 쉬고.

우리는 속편을 들어야 하기 때문에 일주일 내내 생물

시간이 돌아오기를 기다렸다가 선생님이 들어오자마자, 하나 둘 셋 해 가지고

"얘기 해 줘유!"

를 외쳤다. 소리가 클수록 속편을 얘기해 줄 가능성이 컸다.

수업하다가 옆 반 어디에선가 와! 하고 큰 소리가 나면 '아, 저 반 생물 시간이구나!' 하고 부러워했다.

최대의 놀림감은 공작 선생이었다. 선배들은 미리 귀띔을 해 주었다. '갓슈* 값이 올라서' 소리를 할 거라는 걸. 아닌 게 아니라 그는 첫 시간부터 그 소리를 했다.

"갓슈 값이 올라서 재료비를 더 내야겠어."

아이들은 와하고 웃었다.

나도 웃었지만 이건 사실 선생님이 억울한 케이스였다. 선생님이 공작을 가르친 시기는 자유당 때와 4.19 직

* 갓슈 : 캐슈(casheu). 캐슈의 씨가 캐슈너트로, 씨는 식용(食用)하고 껍질 속에 들어있는 액체는 옻과 같은 성질이 있어서 도료로 사용한다.

후 민주당 때라 물가가 매년 엄청 올랐다. 그러니까 당연히 갓슈 값도 올랐지!

또 별명이 '미친개'인 선생님도 있었다. 이것도 다소 억울한 별명이었다. 그 선생님은 교문하고 반대쪽 울타리 바로 뒤에 살기 때문에 주로 개구멍으로 출퇴근했다. 그런데 미친개만 개구멍으로 드나드나? 아니잖아! 정상적인 일반 개도 드나들잖아!

청주중학의 최고 히트작은 걸어가는 마라톤이다. 원래는 전교생이 뛰는 진짜 마라톤인데, 일부 양심적이고 꽉 막힌 애들만 빼고 다 걸어가기 때문에 자연스럽게 '걸어가는 마라톤'이 된 거다.

학교에서 십 리쯤 떨어진 까치내까지 왕복하는 경기였다. 한 가지 주의할 점은 가다가 교장 선생님이 박수 치는 장소가 나오는데 여기서 흥분하여 너무 심하게 뛰면 낙오하는 거였다. 촌놈들은 대개 여기서 낙오했다. 그러나 교동 출신들은 일주일에 한 번씩 뛰는 성당산 마라톤에서 별별 경험을 다 해 보아서 절대 무리하는 법이 없었다.

메리 크리스마스

나는 청주중학 1학년 4반 반장이었다.

영어를 가르치는 담임 유찬주 선생님은 무슨 이유에서인지 나한테 모든 학사를 맡기고 종례도 참석하지 않았다.

아마 두 가지 이유로 나를 신뢰하기 때문이 아니었나 하는 생각이 든다. 첫째, 선생님은 영어 교과서 하이라이트* 전체를 백 번 써오라고 했는데, 그 무지막지한 숙제를 미련하게도 다 해간 꼴통은 1학년 480명 중에서 나 하나였고,

둘째, "왜 크리스마스는 메리 크리스마스(Merry Christmas)라 하면서, 새해는 해피 뉴 이어(Happy New Year) 라

* 하이라이트 : 영어 교과서 매 챕터(chapter)에 그 챕터에서 가장 중요한 문장 몇 개를 앞에 쇼윈도처럼 실어 놓고 그것을 하이라이트라고 불렀다.

고 하느냐? 메리 뉴 이어(Merry New Year) 즉, 메리(Merry)로 통일하면 안 되겠느냐?" 하는 평범한 문제를 푼 것도 나 하나였기 때문이리라.

1학년 전체, 1반부터 8반까지 반(班)을 돌고 돌아도 그 놈의 메리(Merry)에 대해 알기는커녕 대답하는 놈도 없자, 초조해서 미칠 지경이 된 선생님은 너마저 대답 안 하면 자살해 버리겠다는 듯이 애절하게 물었다.

"반장… 너… 한번… 대답해… 볼래?"

"일 년 내내 놀 수는 없잖아요!"

라는 나의 대답에 선생님은 이를 바득바득 갈며 말했다.

"바로 그그야!"

선생님은 감동하면 이를 바득바득 가는 이상한 버릇이 있었다.

메리 즉 '즐거운'에는 '논다'라는 뜻이 포함되어 있다. 그런데 선생님은 아이들이 놀까 봐 걱정이다. 그래서 솔직히 메리라는 단어가 싫다. 물론 크리스마스에는 놀아도 좋지만, 일년 내내 놀까 봐 그게 큰 걱정이다. 그런데 서양 사람들도 새해 인사에 메리라는 단어를 안 쓰는 걸 보면,

내 마음이나 마찬가지 아니냐. 그러니 '이놈들, 너희들도 놀지 말고 열심히 공부해라!' 선생님은 바로 이 말을 하고 싶었던 것이다. 그런데 나는 선생님의 애절한 그 마음을 눈치챈 데다가 '일 년 내내 놀 수는 없잖아요!'라며 '놀지 않겠다!'고 충성 서약까지 한 셈이니, 얼마나 기특하겠나! 그러니 이를 바득바득 갈지.

설명이 잘 되었나 모르겠네.

로베스피에르

하여튼 '메리(Merry)' 사건 이후로 선생님 대신 내가 알아서 종례를 했고, 수업 시간에 떠든 놈도 내가 무조건 팼다. 나는 로베스피에르*식으로 공포 정치를 했고 여러 가지 개혁 실험을 하였다.

나는 도덕 교과서에 나온 그대로 청소함 문을 활짝 열어 운동장에 내놓고 구석구석 햇볕에 말렸으며, 모든 걸레를 하얗게 빨아 교장 선생님이 올라서서 연설하는 조회단에 널어서 뽀송뽀송하게 말렸다.

교무실이 있는 3층에서 선생님들은 복도 뒤창으로 운동장을 내려다보며 감탄하는 데 시간을 보냈다.

* 로베스피에르 : 프랑스 혁명 당시 급진파인 자코뱅당의 지도자. 공포 정치를 펼쳐서 너무나 많은 사람을 단두대로 보냈고 자신도 결국 단두대에서 처형당했다.

“저거 1학년 4반이지?”

“암만!”

1학년 4반은 공부도 잘했다. 훗날 서울대에 합격한 아이들 중에 1학년 4반 출신이 유난히 많았다. 지들이 공부 시간에 까불겠어, 장난을 치겠어? 아이들이 할 게 공부밖에 더 있겠는가? 심지어 나의 공안 통치를 하도 받다 보니 나중에 공안 검사가 된 아이도 있었다.

그러나 부작용은 심각했다. 학생들의 불만이 들끓고 있었으니까. 심지어 마루에 펜을 탁! 하고 꽂았다는 이유 하나만으로 나한테 불평분자로 찍혀서 억! 하고 맞은 아이도 있었다. 하지만 나는 공안 통치가 오래 못 갈 거라는 것을 알고 있었다.

3년 주기설

그래서 2학년 때는 레세페르*로 방향을 바꿨다. 그런데도 2학년 담임은 내 방침이 달라진 것도 모르고, 선거로 반장을 뽑는 민주적 절차를 무시하고, 독재적인 방식으로 나를 강제로 반장에 임명했다. 그러거나 말거나 나는 아이들 일에 일절 간섭하지 않았다.

사실 나는 다른 집 아이들 일에 신경 쓸 때가 아니었다. 우리 집은 큰누나가 차려 준 도넛 가게를 3년 만에 다 털어먹고 망하기 직전이었고 식구(食口)는 계속 불어났다.

지금 생각해 보면 우리 집은 거의 정확하게 3년마다 아기를 한 명씩 낳고 3년마다 한 번씩 망했다. 이른바 3년 주기설인데, 이게 왜 그리 정확한지!

* 레세페르 : 프랑스어 'laissez-faire'. 자유방임주의. 원뜻은 '내버려둬'이다.

2학년 식목일에 산에 가서 나무를 심고, 삽을 질질 끌며 집으로 돌아오는데 동네 친구가

"윤수야, 느덜 엄마, 애기 또 낳았어."

하고 어머니의 출산 소식을 알려 주었다. 내 밑으로 3년 터울로 여동생만 셋인데 거기다 또 남동생을! 갑자기 공포가 몰려왔다. 우리 어머니는 나이가 이제 마흔둘밖에 안 되었는데 언제까지 애를 낳을 것인가? 혹시 공포의 여왕개미? 아니면 쉰둘까지?

그리하여 우리 집은 원래 여덟 식구였다가 큰누나가 결혼으로 빠져나가서 일곱 식구가 되어 숨 좀 돌리는가 했는데, 남동생이 출생하여 빈자리를 즉각 보충하는 바람에 원래처럼 다시 여덟 식구가 되었다.

왕까마귀

내가 중학생이던 1960년대 초반, 웬만한 가정집에는 뜨거운 물도 안 나오고 샤워 시설도 없었기 때문에 거진 다 공중목욕탕에 가서 목욕을 했다. 그렇지만 경제 형편상 자주 갈 수는 없는 노릇이고 추석하고 설날, 이렇게 딱 두 번만 목욕을 가는 게 일반 서민들의 풍습이었다.

물론 이때 한번 기회를 놓치면 적어도 반년은 때보*로 살아야 한다. 나는 그럴 확률이 가장 높은 부류에 속했다. 왜냐하면 집에 돈도 없지만 도떼기시장 같은 그런 목욕 자체를 싫어했기 때문이다.

한번 상상해 보시라. 청주 시내 7만 인구가 20평 남짓한 천일 목욕탕*에 특정한 시기에 한꺼번에 몰려 들어가

* 때보 : 때가 많은 놈. 지금은 이 단어 자체가 아예 없어져서 국어사전에도 안 나온다. 집집마다 샤워가 있으니 이런 때보가 있겠나.

굿노래를 부르며 때를 불쿠고* 있는 모습을!

여러분은 이게 말이 된다고 생각하는가?

말이 안 되니까 나는 가급적 안 갔다. 대신에 나는 신체 노출을 극도로 피하지 않으면 안 되었다.

그런데 학동들의 이런 악습을 알고 기습하는 교사도 있었으니, 그가 바로 시골 학교에서 전근 온 체육 선생이었다.

하루는 비가 와서 교실에서 체육 이론 수업을 하는데, 그는 수업을 하다 말고 갑자기 자습을 시키고는 이런 말과 함께 사라졌다.

"반장, 자습 시간에 떠든 놈들, 번호만 다 적어와!"

솔직히 자습 시간에 안 떠드는 놈이 있나? 다 떠들지! 그렇지만 60명 전원을 다 몰살시킬 수는 없는 노릇이라, 아주 악질적으로 떠든 놈 번호 열 개 정도만 적어서 교무

* 천일 목욕탕 : 내가 과문한 탓인지는 모르지만, 당시 청주 시내에 목욕탕은 천일 목욕탕 하나밖에 없던 걸로 기억한다.

* 불쿠다 : '불리다'의 사투리.

실로 갖다주었다. 물론 그 떠든 놈 번호에는 내 번호도 포함되어 있었다.

그랬더니 교무실에서 반장이란 놈이 정직하니 뭐니 하며 떠든다는데, 그제야 나는 저 선생이 일종의 정직성 테스트를 하고 있으며, 청주중학에서 참 적절치 못한 행동을 하고 있구나 하는 생각이 들었다. 청주중학이 그래도 충북에선 최고 명문이고, 명예를 중시하는 학생들인데 왜 저러지? 참 특이한 선생이네!

그는 다음 주에도 특이한 행동을 보였다.

체육 시간에 우리 반 60명 전원을 운동장에 줄줄이 세워놓고 신체검사를 한다며 빤쓰만 남기고 모두 벗으라고 나온 것이다. 그래서 아이들은 줄줄이 다 벗었다.

그 결과, 우리 반 아이들은 운동장 주위에 몰려든 인간들과 측백나무 울타리 사이로 지나가는 행인들이 쳐다보는 가운데 까마귀 같은 놈들이라며 하나하나 지휘봉으로 꾹꾹 찔러 가며 온갖 챙피를 다 당했다.

아니, 꼭 이렇게 챙피를 줘야 하나? 다음 주까지 천일목욕탕 가서 씻고 오라면 안 돼?

이건 인격 모독이란 생각이 들었다.

안 벗은 건 오로지 나 하나였다. 왜냐하면 나는 왕까마귀였고, 안 벗는 게 나의 자존심을 지키는 최후의 저항선이라고 생각했기 때문이다.

체육 선생은 얼굴이 벌게져서

"벗어! 인마, 벗어!"

를 외쳤다.

나도 얼굴이 벌게져서

"벗으나 마나 까매요. 때가 덕지덕지 꼈어요!"

하고 버텼다.

애들은 쿡쿡 웃고.

선생은 지휘봉을 치켜들어

"'이놈의 자식이!"

하며 나를 때릴 듯 모션을 취했다.

"때리세요!"

그러면서 내가 끝까지 버티니까 식식대기만 할 뿐 막상 때리지는 못했다.

그렇게 해서 '때와의 전쟁'은 싱겁게 끝났는데, 선생님이라는 막강한 권위를 더러움이라는 무기 하나로 개겼으니, 나도 보통 뻔뻔한 놈이 아니었다. 중학생이라고 우습게 보면 큰일 나!

아버지의 몰락

결국 중2 말년에 우리 집은 인구 정책에 실패하는 등 이런저런 이유로 완전히 망해서 도넛 가게에서 쫓겨나, 우암산 중턱 전깃불도 없는 초가집으로 이사했다. 전깃불이 있다가 없으니 세상이 더 캄캄해진 거 같았다.

산동네의 숙명인데, 나는 또 물지게를 지고 식수를 날라야 했다. 그런데도 아버지는 술주정이 더 심해졌다. 아마도 자신의 사업 실패와 무능에 대한 좌절감과 자신을 알아주지 않는 세상에 대한 원망이 술주정으로 나타나는 거 같았다.

중3 때 해가 빨갛게 지는데, 일찍 귀가한 아버지가 툇마루에 걸터앉아 게걸게걸 술주정을 했다.

나는 콘크리트 역기를 들어서 쾅 하고 마당에 내리쳤다. 아버지가 놀라서

"이놈의 자식이! 니가 나를 이긴단 말이냐?"

그 순간 아버지는 45년 동안 계속하던 술주정을 별안간 멈추었다. 그러자 어머니가 재빨리 주도권을 잡았고, 아버지가 술을 줄이니까 살림도 조금씩 피기 시작했다. 그리하여 1년 후 즉 고등학교 1학년 때 약간 평지인 언덕배기 동네, 대성동으로 남의 집 행랑채를 빌려 이사할 수 있었다.

엉덩이부터 떨어지는 덤블링

나는 청주고등학교로 진학했다.

교동학교 아이들이 청주중학의 주력 부대이듯이, 청주중학 출신들이 청주고의 주력 부대였다. 나는 여전히 주력 부대 중의 주력 부대였다.

교장은 입학하자마자 이렇게 말했다.

"3당 4락! 세 시간 자면 붙고 네 시간 자면 떨어진다. 이불 덮고 잘 생각하지 마라. 그냥 책상에서 자!"

한창 자라나는 청소년들에게 위대한 꿈과 희망을 불어넣을 생각은 않고, 이게 교장으로서 할 소리야? 그래서 나는 그를 경멸했다.

이런저런 이유로 나는 수업보다는 친하게 지내는 김선용 체육 선생의 방에서 놀 때가 많았다. 이 방은 훈육주임*실을 겸하고 있어서 특별히 교칙을 위반하여 '사랑의 매' 같은 걸 맞는 경우가 아니면, 아무도 찾는 사람이 없는 귀곡산장 같은 꺼림칙한 장소인 데다가, 선생님이 수업 나가면 나 혼자만의 공간이라 고요 속에서 고독을 즐길 수 있었다. 나에게 고독이란 아무도 없는 곳에서 그냥 멍하니 앉아 있는 것이었다.

나는 바로 거기서 캐시어스 클레이*와 서니 리스턴의 역사적인 복싱 시합을 선생님과 함께 라디오로 들었다. 친구들은 쉬는 시간 종이 울리면 숨 가쁘게 달려와서 현재 상황을 물었다.

"윤수야, 누가 이기냐?"

"클레이! 예상 밖이야."

* 훈육주임 : 학생부장. 학생부장의 옛말이 학생주임이고 학생주임의 옛말이 훈육주임이다. 옛날로 갈수록 권위주의적이고 폭력을 많이 사용했다.

* 캐시어스 클레이 : 무하마드 알리. 회교로 개종하기 전 이름이 클레이다. 그는 로마 올림픽에서 금메달을 땄지만 고향에서는 여전히 찬밥 신세였다. 햄버거 가게에 들어갔다가 "검둥이한테 팔 햄버거는 없다"는 소리를 듣고 자신의 처지를 깨달았다. 그는 금메달을 강물에 던진 후 흑인해방 운동에 나선다.

그러면 친구들은 각 반에 뛰어가서 급한 상황을 전했다.

김선용 선생은 복싱 선수 출신이라 무슨 얘기를 하든 먼저 클레이와 리스턴을 예로 드는 경향이 있었다.

"클레이가 리스턴을 이긴 건 유연성 때문이다."

요기까지만 얘기하면 오죽 좋아. 그러나 꼭 이런 식으로 덧붙여서 산통을 깼고 나는 미치고 환장할 지경이었다.

"우리 학교에서 유연성이 제일 뛰어난 게 누군지 아냐? 바로 여기 한윤수야."

그럴 때마다 애들은 우우! 하고 야유를 보냈다. 선생님의 주책은 말릴 수가 없었다.

하루는 체육 시간에 기계체조 덤블링*을 하는데, 내가 엉덩이부터 꽝 하고 떨어졌다. 아이들은 박수 치고 좋아

* 덤블링 : 정확히는 '텀블링(tumbling)'이나 거의 모든 사람이 '덤블링'이라고 했다. 맨바닥이나 매트 위에서 공중회전을 하는 마루 운동.

서 난리가 났다.

"선생님! 유연성이 꽝! 하고 떨어졌네요!"

말로 하는 물리학

나는 자유당 시절, 국민학교 저학년 때만 해도 독립군파로서 이승만 대통령이 그은 평화선*을 수호해야 한다고 믿었다. 일본 어선들이 평화선을 침범한다는 소리를 듣고 분노하여 배 만드는 기술자가 되려고 했으니까.

그러나 마산에 가서 그놈의 '배'들이 일본에서 온갖 생필품을 다 '밀수'해 온다는 쓰디쓴 현실을 깨닫고는 평화선도 포기하고, 조선소 기술자가 되려는 계획도 포기하고, 민족이라는 좁은 시야도 버렸다.

* 평화선 : 우리 해안에서 60해리 밖에 쳐 놓은 준(準)영해선. 여길 넘어 들어오는 일본 어선은 무조건 나포하였다. 보통 영해가 12해리이고 그 밖은 공해로 인정하는 게 관례인데, 평화선은 이승만 대통령의 특별 명령으로 그 5배 밖에 멀찌감치 쳐 놓은 선이었다. 이 평화선 때문에 일본과의 외교 마찰이 심했다. 항상 이승만 편을 들어 주던 미국도 이 문제에서만큼은 일본 편이었다.

그러나 나에겐 오히려 잘된 거였다. 나의 시야를 세계로, 우주로 넓히는 계기가 되었으니까.

나는 이미 국민학교 4학년 때 하늘을 바라보았고, 독자적인 방식으로 지구에서 태양까지의 거리를 새로 측정한 학인(學人)이었다. 그래서 시야가 점점 넓어졌고 간덩이도 점점 커져서 급기야 코페르니쿠스나 갈릴레오, 뉴턴 같은 대(大) 물리학자가 되는 게 꿈이었다.

그런데 한 가지 약점은 수학을 너무 못한다는 거였다. 그러나 나는 크게 개의치 않았다. 계산은 조수들 시키면 될 거 아닌가! 그냥 생각으로 하는 물리학, 말로 하는 물리학, 구라빨로 하는 물리학만 잘하면 될 거 같았다.

물리학을 말로 하고, 구라빨로 해? 무슨 허황된 소리야? 할 사람이 있을지도 모른다. 그러나 절대 허황된 게 아니다.

사람들이 태양이 지구를 돈다고 생각할 때
"아니야. 지구가 태양을 도는 거야!"
이게 말로 하는 물리학이다. 뭐가 허황해?

사람들이 사과가 떨어지는 걸 보고 슬퍼할 때
"아, 만유인력이 있어서 떨어지는구나!"
이게 구라빨로 하는 물리학이다. 뭐가 허황해?

이래서 물리학을 하려고 마음먹은 거다.

더구나 청주고등학교에서 물리를 가르치시는 양대식 선생님은 나에게 호감을 갖고 계셨다. 청주중과 청주고는 한 뿌리에서 갈라져 나온 동일계(同一系) 학교라 정보를 공유하는 게 많았다. 청주중학교 1학년 4반 때 내가 행한 로베스피에르식 공포 정치는 고등학교까지 소문이 나서 대부분의 선생님들은 나에 대해 일말의 기대를 갖고 있었다.

그러나 중요한 문제가 하나 있었으니 양대식 선생님은 성격이 너무 급해서 동기 부여를 거의 안 하시고 결론을 너무 빨리 내린다는 것이었다.

$E=mc^2$

이렇게 칠판에다 써 놓고
"무조건 외워, 이놈들!" 하셨다.

나는 양대식 선생님의 방식을 납득할 수 없었다. 나는 원래 동기 부여가 안 되면 꼼짝도 안 하는 인간이다. 왜 이것을 배워야 하는지 설명을 해 줘야 할 거 아닌가! 내가 만일 양대식 선생님이라면 이렇게 동기 부여를 했을 거 같다.

300년 전만 해도 사람들은 이런 간단한 이치도 몰랐다.

"물은 왜 위에서 아래로 흐를까?"

"태양은 왜 뜨고 지는 것일까?"

그런데 뉴턴이 나타나 자연의 법칙을 설명해 주면서 인류는 달라졌다. 세상을 보는 눈이 트인 것이다. 뉴턴의 법칙은 간단히 설명하면 이런 거다.

"하늘의 모든 천체는 일정한 법칙에 따라 움직이고 있으며, 따라서 수치로 계산이 가능하다. 이 세상 만물이 다 계산 가능해!"

프랑스의 한 학자는 뉴턴이 쓴 '자연철학의 수학적 원리'를 읽고 감동한 나머지 뉴턴을 신처럼 숭배하면서, 영국에서 오는 사람들에게 뉴턴의 일거수일투족에 관해 물었다.

"그분은 밥을 드시나요?"

"물도 드시겠죠?"

"잠은 주무시나?"

"보통 사람처럼 똑같이 산단 말입니까?"

자, 여러분도 뉴턴처럼 되고 싶은가. 그렇다면 이 양대식에게 물리를 배워라.

그러나 양대식 선생님은 말주변이 없는 이과생(理科生)처럼, 어드러한 설명도 없이, 공식을 무조건 외우라고만 했다. 이 정도로 상상력도 없고, 재미도 없고, 스토리도 없는 물리학을 내가 왜 배워? 나는 물리를 포기했고 시험볼 때 백지를 냈다. 그리고 교무실에 끌려갔다.

하지만 선생님은 자초지종을 들은 후 나를 용서했고 오히려 백지를 낸 용기를 칭찬했다. 감히 자기한테 백지 낸 건 내가 처음이라나? 그리고 다른 학생들의 "우우!" 하는 야유에도 불구하고, '물리 시간에 한윤수는 다른 공부를 해도 된다!'는 특권을 주셨다.

하지만 특권을 주신다고 해서 뭐가 달라지나? 나는 물리학자의 꿈을 접은걸.

빵 내기 축구 시합

그러나 실망하기는 아직 일렀다. 나는 또 하나의 꿈을 갖고 있었으니까. 그것은 칸트나 헤겔 같은 대(大) 철학자가 되는 것이었다.

잘 아시다시피 나는 대전 신흥국민학교 때 가치관의 혼란을 겪었다.

청소 당번들이 다 도망가서 뒤치다꺼리를 할 때, 선생님은 마루를 대충 쓸고, 나는 양심상 차마 그럴 수 없어서 선생님 뒤를 좇아다니며 확인 사살식으로 깨끗이 쓸다가 선생님한테

"이놈의 새끼, 너 나를 무시하는 거냐?"

욕을 바가지로 먹지 않았는가.

그때 이후로 계속 이런 의문이 들었었다.

사제지간의 도리상, 선생님이 대충 쓴 것을 깨끗하게 쓴 것으로 봐야 하나? 그건 아닐 테고!

그렇다면 양심상 저지른 행동을 가지고 욕을 먹는 게 맞나? 이거 아니잖아!

또 선생님은 마음대로 화내도 되나? 아닐 거 같은데!

나는 항상 이런 문제들이 마음에 걸렸었다.

그래서 칸트와 헤겔을 공부하여 이런 문제를 앗쌀하게* 거시기해불자! 이런 생각이 들었던 거다. 물론 공부하다가 후로꾸*로 잘되어 가지고 두 사람을 뛰어넘으면 더욱 좋고!

그래서 철학자가 되려고 한 거다. 그런데 칸트나 헤겔이나 둘 다 독일 사람이라, 그들을 제대로 연구하려면 독일어를 잘해야 할 거 같았다. 문제는 독일어야, 독일어! 그

* 앗쌀하게 : '아쌀하게'는 일본어 'あっさり(앗싸리)'에서 유래한 말. 'あっさり'는 '깨끗하게, 간단히, 시원스레', 영화 황산벌에서 계백(박중훈 扮)의 명대사 "앗쌀하게 거시기해불자!".

* 후로꾸 : 당구에서 우연히 공이 맞는 경우를 후로꾸(フロック, 영어 'fluke'의 일본식 발음)라고 한다.

런데 다행히도 독일어를 가르치시는 김인관 선생님은 무슨 이유에선지는 모르지만 나를 특별히 좋아하시는 분이었다.

선생님은 한 가지 특징이 있었는데 못 말리는 축구광이어서 국가대표 축구 시합이 있는 날이면 언제나 수업을 빼먹고 서울의 효창운동장*에 가 계시는 분이었다. 이 세상 어느 누구도, 심지어 교장 선생님도 그분의 축구열을 식힐 수 없었다. 그런데 나도 축구광이었다. 선생님도 축구광, 나도 축구광. 뭔가 통하지 않는가.

선생님은 사재(私財)와 금쪽같은 시간을 털어서 제자들을 가르치는 정성스러운 분이셨다. 고등학교 1학년인가 2학년 때일 거다. 선생님이 독일어 잘할 만한 똑똑한 애들 60명을 모아서 방과 후 특별반을 한 클라스 만들었다. 물론 무료지! 애들한테 미리 독일어 맛을 보이고 재미를 붙이게 하기 위해서였다.

* 효창운동장 : 당시는 국가대표 축구 시합을 효창운동장에서 했다.

그 특별반 반장은 나였다. 아이들을 휘어잡아 가르치려면 타교 출신으로는 어림도 없고, 오리지널 청주중학 때의 독재자, 나의 협조가 필요했던 거 같다.

그런데 공교롭게도 특별반 수업 첫날, 빵 내기 축구 시합이 있었다. 내가 안 차면 우리 반이 질 게 뻔해서 차마 시합에 빠질 수가 없었다. 그래서 특별반 수업을 빼먹었다. 김인관 선생님에게 미안했다. 하지만 선생님은 양해했다. 자기도 축구광 아닌가.

빵이 중요하냐, 독일어가 중요하냐? 나는 배가 고파서 항상 빵 쪽으로 기울었다.

그런데 다음 주에도 중요한 빵 내기 축구 시합이 또 있었다. 이번에는 판이 진짜 컸다. 그래서 특별반 수업을 또 빼먹었다. 그래도 선생님은 양해했다.

3주째에 처음으로 독일어 특별반에 나가서 내가 구령을 부르고 공부를 시작했다. 그러나 선생님이 무슨 말씀을 하시는지 도통 알아들을 수가 없었다. 그 2주 사이에 진도가 많이 나갔고 애들한테 내 준 숙제가 많아서 애들은 그걸 달달 외워 온 것이다. 데어 데스 뎀 덴 어쩌구 하면서! 나는 화성인들이 모인 가운데 지구인 하나가 낀 것 같은 소외감을 느꼈다.

도저히 못 따라갈 것 같아서 독일어를 포기했다. 그리고 시험 때 백지를 냈고, 백지를 냄으로써 교무실에 끌려가 오히려 사제지간의 정이 깊어지는 가슴 아픈 모순이 또 발생했다.

아무리 정이 깊어진들 무엇하나? 나는 그렇게 해서 철학자의 길도 접은걸! 아, 이렇게 쉽게 접어도 되나?

하여간, 나의 고등학교 때 계획은 다 틀어져 버렸다.

여성 찬미

나는 여성이 남성보다 비교적 양심적이며, 거짓말도 별로 잘 안 할 거라는 이상한 생각을 갖고 있었다. 그래서 거의 평생을 여성 찬미자로 살 수 있었다. 그러다 차디찬 진실을 깨닫게 된 것은 일흔일곱 살 때이니까 딱 1년밖에 안 된다.

그러니까 그전에는 무조건 여성을 찬미했으니 사춘기 때는 오죽했으랴. 나는 덮어놓고 여성을 찬미하고 숭배했다. 그래서 여성의 손도 함부로 잡아 본 적이 없다. 그 대신 여성에게 손 잡힘을 당한 경우가 딱 한 번 있는데, 그분의 정체는 나중에 밝히겠다.

나는 우리 어머니를 좋아하지 않았지만, 이상하게 남의 어머니는 좋아했다.

어렸을 때는 내 친구의 어머니, 희주 엄마를 좋아했다. 내가 발목을 삐었을 때 나를 업고 '장도가' 우리 동네까지 오릿길을 걸어 주었기 때문이다. 그때 성숙한 여성의 등이 얼마나 황홀했던지 잊을 수 없다.

사춘기 때는 불경한 얘기지만, 저의 무례를 용서하소서! 예수의 어머니 성모 마리아를 좋아했다. 예수나 윤수나 같은 '수' 자 돌림이잖아.

나는 지금도 슈베르트의 〈아베 마리아〉라는 곡을 무척 좋아한다. 나만 그런 게 아닌 모양이다. 남자들 대개가 그렇더라니까. 이 곡이 카페 같은 데서 흘러나오면 왁자지껄 떠들던 사나이들이 갑자기 조용해진다. 뭔가 아련한 그리움이 느껴진다고 할까.

왜 남자들이 '아베 마리아'에 꼼짝 못 하냐 하면 여성을 숭배하던 태곳적 조상들의 피가 흐르기 때문이다.

농사를 짓는 나라의 종교는 거의가 풍작(豊作) 숭배다. 땅은 여성이고 태양은 남성이다. 땅과 태양이 교미를 해야 풍작을 이루는데, 그 교미를 하게 만드는 게 남성 생식력의 화신(化身)인 황소였다.

그러니까 대지신(大地神, 땅), 태양신(하늘), 황소신(결합), 이 삼신(三神)이 농업 문명의 주축 신이다.

그런데 이 삼신 중에서 어느 신을 최고의 신으로 모시느냐는 민족의 취향에 따라 다르다. 이집트는 태양신을 최고로 모신다.

그러나 바빌론에서 최고의 신은 땅의 여신인 이슈타르(ishtar)였다. 그리스인들이 소아시아로 뻗어나가면서 아주 근사한 신전을 발견했는데, 이게 최고의 신 이슈타르를 모신 신전이었다. 그리스인들은 이 여신을 아르테미스라 부르고, 로마인들은 디아나*로 불렀으며, 기독교는 이 모신(母神)을 동정녀 마리아로 변형시켰다. 이 동정녀에게 '신의 어머니'라는 호칭을 부여한 것도 바빌론 지역에 위치한 '에베소'의 종교 회의에서였다.

바빌론 지역의 주교(主敎)들은 회의장 문을 걸어 잠가서 다른 지역의 주교들, 특히 태양신을 모시던 이집트 주교들이 못 들어오게 막은 후에, 동정녀 마리아를 '신의 어

* 디아나 : 라틴어 'Diana', 영어식으로 발음하면 다이애나.

머니'로 모실 것을 결의했다는 게 통설이다.

이 아베 마리아, 즉 "마리아님에게 귀의합니다"가 여성 숭배다. 나는 이 바빌론의 전통을 따르고 있을 뿐이다.

그건 그렇고,

나는 평생 세 명의 미인을 만났다. 그중 하나가 정인숙(가명)이다. 하얀 대리석을 깎은 그리스 조각 같은 맑고 깨끗한 미인이다. 나보다 3년 위로, 그녀는 청주여고 적십자단장이고 나는 청주중학교 적십자단장이었다.

서울 남산에서 전국 청소년적십자 대표 회의를 하는데 단둘이 충북 대표로 뽑혀 청주역에서 기동차*를 타고 같이 올라갔다 같이 내려왔다.

회의는 말뿐이고 사흘 동안 구경만 하다 왔다. 촌놈들 겁준다고 대한극장에서 70밀리 영화*를 보여 주는데, 제

* 기동차 : 1량이나 2량으로 되어 있는 작은 기차. 청주와 서울 사이를 직행했다.

목이 '바렌'*이었다. 에스키모는 손님의 잠자리에 아내를 내주어 성대접하는 풍습이 있나 본데, 주인공 에스키모(앤서니 퀸 扮)가 이런 성대접을 거부한 백인 선교사를 자기 성의를 무시했다고 해서, 선교사 머리를 이글루 얼음벽에 찍어 죽이고 경찰(피터 오툴 扮)에게 쫓기는 게 주 스토리인 엽기적인 영화다.

무슨 씨받이 영화도 아니고 이게 뭔가? 니컬러스 레이라는 감독, 처음부터 상업적으로 관객을 속여 먹으려는 게 눈에 보여서 나는 기분이 나빴다. 나는 에스키모라고 해서 우리와 별반 다르다고 생각하지 않았다. 똑같은 인간인데! 성접대 안 받으면 그걸로 끝이지, 죽일 것까지야 뭐 있나? 이건 말이 안 되잖아!

* 70밀리 영화 : 지방에서는 볼 수 없는 초대형 영화. 서울에서도 대한극장과 스카라, 딱 두 군데서만 상영할 수 있었으므로 지방 사람들한테 보여 주면 대개는 속없이 좋아하였다.

* 바렌 : 영어 제목은 'The Savage Innocents'. 한국 개봉 제목 '바렌(barren, 황량하다, 척박하다는 뜻)'은 일본 개봉 제목을 그대로 딴 것이다. 지금은 우리말 제목을 원제대로 '야생의 순수'로 바꾸었다.

1920년대에 찍은 〈북극의 나누크〉라는 다큐멘터리 영화도 에스키모의 생활을 진솔하게 담았다고 평단의 찬사를 받았지만, 나중에 의도적으로 연출한 것이 드러나 비난을 받았다.

그런데 니컬러스 레이의 이 영화는 에스키모의 생활을 영화 초반 도입부에서부터 너무 성적으로 왜곡하여서 애시당초 보는 것 자체가 민망하였다.

정인숙은 어떻게 보았을까? 나는 그것만 궁금했다.

그날 대한극장에 오갈 때 남산 적십자사에서 직원도 아니고 사환도 아니고 그냥 그 건물에서 살다시피 하며 왔다리 갔다리 하는 대학생이 인솔을 했다.

그 형은 내가 제일 만만하게 보였던지, 영화 끝나고 극장에서 나올 때 어깨를 툭 쳤다.

"윤수야, 너 이 영화 한마디로 뭐라고 생각하냐?"

"에스키모의 생태?"

하자 껄껄 웃더니 다 들으라는 듯 크게 소리쳤다.

"역시 어리구나! 임마, 문명과 야만의 대결이잖아!"

나는 고등학교 때도 교과서 살 돈이 없어 정인숙에게

서 음악 교과서와 미술 교과서를 물려받아 썼다. 미술 교과서에는 이런 낙서가 쓰여 있었다. '달과 6펜스' '나 하나만은 아닐 것이다' 이게 무슨 뜻인지 지금도 모르겠다.

잘 아시다시피 〈달과 6펜스〉는 서머싯 몸의 소설로, 6펜스라는 말이 상징하는 세속을 떠나, 달빛이 이끄는 원시의 세계로 가기를 동경하는 그런 내용이다. 아마도 청주라는 답답하고 소시민적인 세상을 떠나 활기 있는 정열의 세계로 나가고 싶은 정인숙의 마음을 표현한 것이 아닐까 하는 생각이 어린 마음에도 들었다.

정인숙은 충북대 약학과에 진학했는데 아까웠다. 이런 미인은 서울로 진출하여 중앙 무대를 확 뒤집어 놓아야 하는데!

내가 대학 1학년 때 충북대 도서관에 책 빌리러 갔다가 우연히 만났는데

"오, 서울대생이 왔네!"

이렇게 서글프게 한마디 한 게 끝이었다.

두 번째 미인은 박인희(가명). 나보다 1년 위로 전형적인 한국 미인이다. 얼굴이 갸름하고 몸이 늘씬하고 약간

주근깨가 있지만 달밤에 보면 주근깨가 안 보이므로 무척 환상적이다. 몹쓸 비바람에 부대껴 애처롭게 떠는 배꽃 한 송이 같아서, 남자라면 보호해 주고 싶은 마음이 드는 가녀린 여자였다.

역시 적십자단장으로 실업계 여고의 3학년이었다. 원래 실업계는 대학을 안 가므로 3학년이 단장이고 인문계는 대학 입시 때문에 2학년이 단장이어서 이렇게 1년 차이로 불이 붙는 경우가 흔했다.

우리 둘은 봉사 활동을 할 때 모내기부터 벼 베기까지 거의 1년을 붙어 다녔으며, 각자의 친구를 데려와 상견례를 시킬 정도로 가까웠다. 마치 가족이 될 것 같은 분위기라고나 할까?

그러다가 내가 잠깐 한눈을 팔고 청주여고 팔선녀(八仙女)를 데리고 원두막에 놀러 간 사건이 소문이 나서 약간 사이가 뜨악해졌다.

사실 그 사건은 별것도 아니었다. 나는 참외도 별로 안 먹고 원두막에서 낮잠만 잤고, 선녀(仙女)인지 확실치가 않은 그 애들은 나 잘 자라고 베개를 갖다주고 부채를 부쳐 주고 한 것뿐이다.

그러나 정작 문제는 내가 잠시 한눈을 판 팔선녀가 아

니라, 일 년 동안 붙어 다닌 박인희가 학업을 마치고 서울로 취직이 되어 올라가야 하는 이별의 시기가 다가오고 있다는 데 있었다. 뭔가 서로의 태도를 명확히 할 필요가 있었다. 그래야 객지에서 서로를 생각하며 지조 있게 견디지!

하루는 낙엽이 다 져가는 늦가을이라, 심란한 마음으로 시립 도서관에서 책을 보는 둥 마는 둥 하고 있는데 그녀가 나를 불러냈다.

"청주여고 장한나(가명)하고 친하다는 소문이 있던데 사실인가요?"

나는 짧게 대답했다.

"예."

"그럼 나는 어떻게 생각하세요?"

나는 잠시 망설이다가 비교적 솔직하게 대답했다.

"사실 연상이라 부담이 좀 됩니다."

그러냐며 그녀가 쓸쓸하게 돌아서는데 무척 미안했다.

어딘가에 있겠죠

세 번째 미인을 만나기 전에 여기서 잠시 정리를 해야 할 필요가 있다.

사춘기는 대입 준비 시기와 겹쳐 있기 때문에, 학업과 연애는 서로 갈등을 일으킨다. 보통은 그렇다. 그러나 나는 갈등이 거의 없었다. 나는 원래 학업다운 학업도 해 본 일이 없고 연애다운 연애도 해 본 일이 없었으니까.

우선 학업을 보자.

나는 원래 국민학교 때부터 고2 때까지 예습과 복습 같은 걸 거의 하지 않았다. 이유는 두 가지다. 하나는 게으름, 또 하나는 일종의 쑥스러움 때문이다. 나는 약간은 모자라지만 하나의 이상한 생각을 갖고 있었다. 공부를 하려면 남들이 다 보는 교실에서 정정당당하게 해야지, 왜 내가 남모르게, 소위 말해서 야미*로 그런 짓을 해야 하는가? 이런 부족한 생각을 갖고 있었던 거다. 그래서 나는 선생님한테 수업을 듣는 걸 그 자리에서 재빨리 암기하는 방식으로 공부를 했고, 가급적 그 선을 잘 지켰다. 그런대로 그걸로 잘 버텼다.

그런데 학교 행사나 적십자회의 참가, 봉사 활동 등으로 선생님한테 듣는 수업 자체를 빼먹은 게 많아서 뭔가 연결이 잘 안 되고 있다는 점을 느끼고 있었다.

다음, 연애를 보자.

박인희와 1년 동안 붙어 다닌 것은 연애가 아니라 일종의 사회생활이었다. 아니, 손도 한 번 안 잡아 보았는데 무슨 연애야?

더구나 팔선녀는 말이 선녀지, 하늘과는 상관도 없고 그냥 땅에 붙어 있는 애들인데, 그중 보스하고 잠시 친했다만, 얘가 알고 보니 갈대더라구. 이태리 가곡 〈여자의 마음〉에 나오는 갈대! 근데 갈대 옆에 자라는 게 뭐겠어? 또 갈대지! 그러니 8선녀가 아니라 8갈대 아니겠어? 솔직히 애들 여덟을 갖다 대도 박인희 하나를 못 당해요. 마음

* 야미 : 일본어 '暗'. 뒷거래, 암거래.

속 깊이가!

근데 그 여자는 이미 서울로 떠나 버렸고 이제 과거의 여자야. 남자가 과거의 여자에 얽매이면 안 되는 거거든. 추억만 간직하는 거지! 고로 나는 뭐여? 여전히 외로운 늑대여.

그러니 팔선녀고 구운몽이고 연애로 따져도 나는 완전히 속 빈 강정이고 소리만 요란한 빈 수레였다.

찬 바람이 불며, 고등학교 2학년이 끝나 가고 있었다.

나는 스님이 속세와 인연을 끊듯, 모든 여자 관계를 끊었다. 그리고 모든 학교 수업도 끊었다.

참, 여기서 한 가지!

어떻게 모든 학교 수업을 끊을 수 있느냐고 의문을 제기하는 사람들이 간혹 있는데, 이건 의외로 간단한 거다. 내가 백지를 낸 독일어와 물리 과목은 "한윤수는 다른 공부를 해도 좋다!"는 특권을 받았기에 그 시간만큼은 내가 교실에 있든 학교 도서관에 있든 아무 상관이 없었다.

그리고 나는 적십자단장에 응원단장에 연대장*에 학교 대표 핸드볼 선수에 축구를 비롯한 그 밖의 종목 땜빵 선수까지 겸하고 있어서 적십자 회의에 갔다거나 교무실에 불려 갔다거나 훈육주임실에 있다거나 서울에서 열리는 전국체육대회에 응원을 갔다거나 무슨 운동부에 땜빵 선수로 차출되어 갔다거나 그야말로 내가 수업을 빼먹을 수 있는 방법은 N가지였다.

다만 주위 친구들이 선생님에게 잘 해명해 주면 되는데 해명 안 해 줄 리가 있나?

그리고 나중에는 선생님들도 묻다 지쳐서 내가 수업에 들어오거나 말거나 상관도 안 했다. 간혹 수업을 하다 말고 불현듯 생각이 난 듯

"한윤수 어디 갔어?"

묻는 선생이 있어도,

"어딘가에 있겠죠 뭐!"

이런 식으로 대답하면 더 이상 묻지 않았다.

* 연대장 : 군사 정부 시절에는 학교를 군대처럼 편성했다. 학교는 연대, 학년은 대대였다. 연대장은 전교생이 모인 운동장 조회에서 "전체 차렷!" 같은 구령을 불렀다.

어쨌든 그렇게 해서 나는 홀로 학교 도서관에서 내가 그리 싫어하던 수학을 독학했다. 3학년 여름 방학이 끝날 무렵에야 겨우 수학의 기초가 잡혔다.

그때부터 다시 여유를 찾고 주위를 둘러볼 수 있었다.

불쌍한 사람

나는 책 살 돈이 없기에 늘 무장서(無藏書) 지식인으로 살았다. 그러다 중학교 때 무슨 상을 받는데 부상으로 『새 세대의 진로』라는 책을 받았다. 그래서 장서가 한 권이 되었다.

이 책은 한 사람이 쓴 것이 아니고, 여러 사람이 청탁에 못 이겨 마지못해 쓴 것이어서 계속 이랬다저랬다 하기 때문에 도무지 새 세대로서 진로를 잡을 수가 없었다. 너무 혼란이 와서 책을 버렸다. 그 후로는 다시 무장서 지식인으로 홀가분하게 살 수 있었다.

고2 때 학교 도서관에서 『모택동 사상』이라는 책을 발견했다. 별다른 내용은 아니고, 고려대 총장 김상협 씨가 혼자 쓴 책이어서, 적어도 이랬다저랬다 하지는 않았다. 제법 부피가 있는 하드바운드이고 제목을 시뻘건 글씨로 써서 촌놈들 겁주기에 딱 좋았다.

그래서 괜히 책가방 중간에 끼워 잘 보이라고 가지고

다녔다. 그런데 정작 내 책가방을 뒤진 것은 호기심 많은 여학생들뿐이어서, 엄마 무서워! 오히려 나의 팬만 떨어지는 역효과를 낳았다.

그 책에서 농민 출신이 대부분인 모택동 군대가 2만 리를 도망갈 때 시골 농가에 들러 실과 바늘을 빌리면 차용증을 꼭 써 주는 그림 같은 장면이 나온다. 그거 하나는 내 맘에 쏙 들었다.

암만! 그래야지!

불쌍한 사람이 불쌍한 사람을 도와야지, 불쌍한 사람이 안 도우면 누가 돕나!

그래서 나는 새 세대로서, 저 정도는 힘도 안 드는 일인데, 불쌍한 사람은 도와야지 하는 생각을 품게 되었다.

대학에 처음 들어갔을 때 학교 중앙 도서관 접가열람실*에서 『근대혁명사상사』라는 책을 발견했다. 미국 기

* 접가열람실 : 독서 카드를 낼 필요 없이 마음대로 책을 빼어 읽을 수 있는 방. 당시에는 책이 무척 귀해서 중앙 도서관에서 웬만한 책은 '희귀본'이라는 이유로 대여가 거의 안 되었다. 그런데 접가열람실은

자 에드먼드 윌슨이 쓴 책으로 프랑스 혁명부터 러시아 혁명까지 이어지는 혁명가들의 열전이다. 원제는 '핀란드 역으로'*다.

앞부분과 중간 부분은 별것도 아니고, 마지막 부분이 레닌이 독일군 참모부가 제공한 밀봉 열차를 타고 러시아의 수도 페테르부르크의 한 역인 핀란드 역에 도착함으로써 러시아 혁명이 시작된다는 흥미진진한 내용이어서, 영화로 치면 라스트 신이 잘된 영화였다.

나는 국민학교 때부터 모든 영화를 라스트 신만 본, 라스트 신 전문가로서 책을 덮으며

"자알 됐다!"

라고 씨부렁거릴 수 있었다. 그 당시 관객들은 영화 보고 나올 때 영화가 마음에 들면 흔히들 "자알 됐다!"라고 말했다. 그래서 나도 그 전통을 따른 것이다.

마음대로 빼서 읽을 수 있으니 학생들에게 인기가 있었다.

* 핀란드 역으로 : 원제 'To The Finland Station'(1940년).

한 가지 인상에 남은 점은 레닌이 본명이 아니라 가명이라는 것이었다. 원래 레닌이 따르던 친형님이 시베리아의 레나강 근처로 유형살이를 가서 죽었는데, 그 강 이름을 따서 가명을 지은 점이 너무나 멋있었다. 그래서 나도 나중에 만일 혁명가가 되면 강 이름을 따서 가명을 짓기로 마음먹었다.

내가 혹시 혁명가가 될지도 모른다고 생각한 데는 이유가 있다.

남달리 지적으로 우수한 사람들이 사회와 맺는 관계는 시대에 따라 다르다. 행복한 시대에는 환경과 조화를 이룬다. 영국 엘리자베스 여왕 치하의 셰익스피어 같은 작가가 좋은 예다. 그는 인간 본성을 깊이 탐구하고 예술적으로 표현했지만, 그 어떤 혁명적인 행동도 하지 않았다.

그러나 불행한 시대에는 남달리 지적으로 우수한 사람들은 혁명가가 된다. 1750년대의 프랑스에서는 철학자들이 다 혁명가였다. 볼테르나 루소가 중요한 예다.

1950년대와 1960년대의 한국도 불행한 시대였기에 지적으로 우수한 학생들은 거의가 혁명가였다. 4.19 혁명이 좋은 예다. 그들은 독재와 가난과 불의와 친일파에 대해

항거했고 나는 그들의 후예였다.

그런데 나는 지적으로 우수한 걸로 치면 부족했을지 모르지만, 불행한 걸로 치면 혁명가로서의 자격이 충분했다. 더구나 나는 자신도 불행하지만 불쌍한 사람들에 대한 연민으로 가슴앓이를 하는 사람이었다. 혁명가가 되고도 남지!

그래서 강 이름을 따서 가명을 짓기로 한 건데,

낙동이? 영산이?

아, 이것도 저것도 마음에 안 들어서 나중에 혁명가가 되고 나서 고민하기로 하였다.

만일에 혁명가가 안 되면? 그럼 고민할 필요도 없는 거고.

제비 꼬리

고3 말년에 어느 대학 어느 과로 갈까 고민할 적 얘기다.

대학에 들어가긴 들어가야 하는데, 나는 어려서부터 하도 포기한 게 많아서 마땅히 갈 만한 학과가 없었다.

나는 이미 배 만드는 기술자를 포기했고, 물리학자도 포기했고, 수학을 못해서 모든 이과 계열과 공대를 동시에 포기했고, 독일어를 못해서 철학자도 포기했다.

기술자도 안 돼! 물리학자도 안 돼! 공장장도 안 돼! 철학자도 안 돼! 뭐 해 먹을 게 없잖아.

그래서 나의 계획은 모조리 틀어지고, 부득이 내가 원하지도 않는 과를 가야 하는데, 뭘 알아야지. 더구나 시골 학교라 어느 대학 무슨 과에서 뭐를 배우는지 정보도 일절 없었다. 이래서 고등학교를 서울에서 일류 학교를 나와야 하는 거다. 그런 고등학교에는 학식과 교양을 갖춘 일류 선생님이 더러 있잖아.

그냥 시골에서는 커트라인에다 자기 성적을 맞춰서 가는 형편이었다.

"너는 영문과 못 가! 더 낮춰!"

이런 식이었다.

더구나 대부분의 선생님들 판단으로는 나는 아무 과도 못 갈 인간이었다. 그러니까 훗날에도 이런 얘기를 들었지.

"하, 자식 꾀죄죄하니 꼴 좋다. 내가 그렇게 놀지 말고 공부 좀 하라고 했잖니!"

대부분의 선생님들은 내가 대학에 떨어진 줄 알았다니까.

하여간 그건 다 훗날 얘기고,

그 당시는 내가 갈 만한 과가 없었다.

다만 한 가지 막연하나마 고2 때부터 혁명가가 되려는 꿈은 있었다. 하지만 혁명을 일으키는 그런 과는 없잖아. 정치과? 제법 비슷하긴 했다. 그러나 동지! 부르고 나서 굵은 목소리를 내리깔며 음모나 꾸미며 돌아다니는 것 같아서 별로 내키지 않았다. 뭔가 분위기가 밝지가 않아요, 밝지가!

그런데 대입 요강에서,

정치과 바로 옆 과를 보는 순간 떠오른 것이,

어느 영화 라스트 신에서 외교관들이 회의는 안 하고, 제비 꼬리* 입고 춤추는 장면이었다.

회의는 춤춘다!

연미복 입고 춤추는 직업.

나는 소리를 질렀다.

"바로 이그야!"

* 제비 꼬리 : 연미복(燕尾服).

성냥팔이 소년

나는 1967년 서울대학교 문리과대학 외교학과에 입학했다.

대학에 입학했지만 주거가 일정치 않았다. 솔직히 잘 데가 없었다는 말이다. 간혹 과외가 얻어걸리면 그 집에서 잘 수 있었지만 안타깝게도 금방 쫓겨났다.

왜 쫓겨났을까. 물론 변명으로 들리겠지만 나름대로 이유가 있다. 서울대 갈 애들은 어려서부터 이미 정해져 있다. 대강 그렇다는 얘기다. 솔직히 이런 애들은 가르칠 필요도 없다. 그냥 옆에서 커피나 마시며 그냥 놔 먹여도 된다. 이런 애들을 가르치는 자리가 소위 좋은 과외 자리다.

그런데 이런 자리는 시골 출신인 나 같은 놈에게는 절대로 안 걸린다. 죽었다 깨어나도 못 갈 애들과 꼴통들만 얻어걸리는데 또 부모들 욕심은 많아 가지고 과외 선생을 가만두질 않고 은근히 볶게 되어 있다. 이때 무슨 희망이라도 있는 것처럼

"열심히 노력하면 언젠가 좋은 날이 오겠지요!"

하는 식으로 버텅겨야 하는데, 너무 일찍 진실을 말하거나 부모가 볶는다고 욱해 가지고 불쌍한 애한테 꽥 소리를 지르거나 주먹이 나가면 금방 쫓겨났다.

나무아미타불, 관세음보살.

잘 데가 없어지면 주로 학교의 본4 강의실*에서 잤다. 밤에 너무 추우면 낮에 필기한 노트를 찢어 태웠다. 나는 교과서 살 돈이 없기에 사실 노트가 전 재산이었지만, 그 아까운 재산을 태우면서 추위를 견뎠다.

독자들은 오해 마시라. 내가 노트를 태웠다니까 사치스럽게 무슨 노트 여러 장을 태운 걸로 아는 사람이 있는데, 무지하게 춥더라도 하룻밤에 두 장 이상을 태우지는 않았다. 가급적 그 선을 지켰다. 더 태웠다가는 다음날 또 뭐를 태워?

그때 무한한 인내심이 길러졌다고 나는 본다. 성냥팔

* 본4 강의실 : 당시 종로구 동숭동에 있던 서울대학교 문리과대학의 빨간 벽돌 본관 4호 강의실. 난방이 안 되어 봄에도 추웠다.

이 소녀는 죽지만 성냥팔이 소년은 끝까지 살아남았으니까.

종이 한 장을 태우는 것도 다 요령이 있다. 종이가 생긴 모양대로 그냥 태우면 호로록 하고 타서 따뜻한 기운이 2초도 안 간다. 그러나 똘똘 뭉쳐서 태우면 뜨거운 기운이 5초도 넘게 남아 있다. 이때 얼은 신체를 충분히 녹이면 된다.

별명이 '청주 걸레'였다. 나는 걸레를 傑來(호걸이 온다)라고 씀으로서 기품을 유지하려고 애썼다.

배가 고픈 것도 추운 것도 다 좋다. 근데 정작 문제는 교수들한테서 별로 배울 게 없다는 점이었다. 인생과 세계에 대해 날카로운 시각을 가진 교수는 드물었고 나는 도서관에서 혼자 책을 읽었다.

방학 때 집에 내려갈 때는 차표 살 돈이 모자라니까 소위 '쌔비차'를 탔다. 돈 안 내고 기차를 탔다는 말이다. 그러나 완전 공짜는 아니고 입장권을 사 가지고 서울역 개찰구를 통과한 후 완행열차를 타고 전동역까지 갔다. 전동역은 감시가 허술해서 그냥 내려도 안 잡았다. 거기서 조치원까지 걸어가서, 조치원역에서 표를 사 가지고 청주까지 갔다.

추석 같은 때는 열차 지붕 위에 타고 가기도 했다. 열차가 달리면 무척 추웠지만 견딜 만했다. 지붕 위에는 나 같은 사람이 많았으니까. 터널이 보이면

"엎드려!"

소리침과 동시에 착 엎드리고 재미도 있었다.

여름 방학에 청주에 내려가서는 국민학교 때 하던 갈치 장사를 또 했다. 소금에 절인 갈치를 떼어다가 증평, 진천, 괴산, 옥산, 덕산 등지의 5일장에 가서 팔았다. 바다가 멀어서 비린 것을 먹지 못하는 충청북도 사람들의 입맛을 사로잡지 못하여 두 번째 갈치 장사도 실패로 돌아갔다.

이왕 대학에 들어갔으니, 여기서 세 번째 미인 이야기를 해야겠다. 해마다 5월에 광화문 교육회관에서 정외과 카니발을 여는데, 반드시 파트너를 데려와야 했다.

누가 어떤 급의 미녀를 데려오느냐 은근한 경쟁이 되는데, 대개 서울 아이들은 고등학교 때 사귄 여학생이 이대나 숙대를 들어가면 그 애들을 데려왔다. 그게 최상급이고,

개성 있게 연극영화과 여학생과 같이 오는 경우도 있다.

그러나 시골 출신들은 파트너를 구하지 못해 쩔쩔매다가 광화문 길거리에서 지나가는 여자에게 사정을 해 모셔오기도 하고, 심한 경우 자기가 가르치는 여고생 제자를 가발 씌워 데려오기도 했다.

그러나 나는 연애의 고수로서 차마 그런 추잡한 짓은 할 수 없었다.

그녀의 이름은 최서희(가명). 서울대 불문과 나하고 동급생이다. 키가 크지도 않고 작지도 않으며 총명한 얼굴에는 우수가 서린 듯하고 뭔가 신비로운 분위기가 나는, 프랑스 소녀 같은 청순한 미인이다. 바바리코트를 입고 분수대 옆 벤치에 홀로 앉아 있으면, 지금으로 치면 흡사 소피 마르소가 소녀 시절의 모습으로 돌아가 사색에 잠긴 듯 폼이 났다.

나는 신중하게 접근하여 정중하게 파트너로 가 줄 것을 간청했고 몇 번의 망설임 끝에 문리대에서 손꼽는 미녀로부터 허락을 받아 냈다.

내가 최서희를 데리고 교육회관에 나타나자 정치학과, 외교학과 1학년부터 4학년까지 모든 사람의 시선이 우리

커플에 쏠렸다. 어떻게 저런 숭악한 촌놈이 최서희를 데리고 나타나지? 그런 표정으로 쳐다보더라니까.

물론 자기는 안 쳐다봤다는 아이도 있다. 그렇지만 서울 촌놈들은 58년이 지난 지금까지도 그때의 충격을 얘기한다.

사실 나도 그녀도 서로 진지하게 사귈 마음은 없어서 한 번의 해프닝으로 미녀 소동은 끝났다. 하도 짜식들이 건방지기에, 서울 놈들 겁주려고 데려간 것뿐이다. 또한 그녀는 너무 부잣집 딸이라 나하고 맞지도 않았다.

산동네

내가 서울에 가 있는 동안 청주의 우리 집은 또다시 다 털어먹고 결국 전세 보증금까지 날려 먹었다.

그리하여 1학년 겨울 방학이 끝나 가던 1968년 초 나의 인솔하에 다시 온 식구가 야반도주를 하여 완행열차를 타고 상경했다. 이게 2차 야반도주다.

고향을 떠나던 날 저녁, 부랄친구 몇 명이 청주역에 전송 나와 있었다. 애들은 기차가 달리기 시작하자 막 울면서 철길을 따라왔다.

"윤수야, 가지 마!" 하면서.

나는 기차의 마지막 칸, 마지막 문을 열고 바바리코트를 휘날리며 서 있고.

무슨 영화 보는 것 같았지만, 짜식들 저러다가 기차가 시야에서 사라지면 어김없이 역전 당구장에서 당구를 칠 테고, 또 며칠 있으면 서울에서 다시 만날 텐데, 되게 웃긴다는 생각도 들었다.

우리는 금호동 산동네 무허가 판잣집에 세 들어 살았다.

나는 좋았다. 서울에 집이 생겼으니까. 비록 변소도 없어서 작은 것은 근처에서 각자가 알아서 해결하고, 큰 것은 학교나 직장에 가서 해결해야 했지만, 서울 시민이 된 것이니 크게 축하할 일이었다.

벌써 산동네만 세 번째였다. 마산 추산동, 청주 우암동, 그리고 서울 금호동.

산 사나이들은 일부러 산을 가지만 나는 그럴 필요도 없었다. 인생 자체가 산 사나이였다.

1968년 당시 신문 사회면을 장식하던 범죄자는 흔히 '주거 부정'이거나 '금호동 4가 산○○번지' 아니면 '약수동 산○○번지'에 거주하는 것으로 나왔다. 그래서 두 동네에 대한 서울 사람들의 편견이 아주 심했다.

그러나 나는 금호동 4가 산○○번지에 사는 거주자로서, 우리 산동네 사람들이 신문에 나온 것과는 달리, 정직하고 부지런하며 예절 바르다는 것을 강하게 느끼고 있었다.

나는 매일 새벽 물지게를 지고 저 아래 공동 수도로 내려가 산꼭대기 우리 집까지 물을 길어 올렸다. 그런데 한

번도 새치기하는 사람을 본 적이 없다. 물이 귀하던 그 시절에!

그리고 그 새벽 시간에 좁은 길을 우르르 내려오며 출근하는 사람이 엄청 많아서 내 물지게 때문에 종종 교통혼잡이 일어나기도 했지만, 저 먼저 가려고 내 물지게를 밀치거나 건드린 사람은 하나도 없었다. 그렇기에 나는 우리 동네 사람들이 배려심 깊고 예절 바르다는 것만은 장담한다.

우리 집은 몇 달 후 형편이 조금 나아져 조금 아래쪽의, 변소가 있는 집으로 이사를 했다. 하지만 그 집은 돌산을 다이너마이트로 폭파하다 만 높은 벼랑 위에 난 천길 낭떠러지 길을 아슬아슬 통과해야만 도착할 수 있었으므로 극도의 조심성과 용기를 갖지 않고서는 살 수가 없는 집이었다.

이런 집에 사는 사람이 자칫 한눈을 팔거나 술에 취해 헛발을 디뎠다가는 즉시 골로 가므로, 거주자 모두가 아예 술을 안 먹거나 술을 먹어도 아주 조금만 먹는 강한 자제심과 극도의 집중력을 갖춘 또렷또렷한 분들이었다고 나는 자신한다.

우리 동네에 대한 나의 자부심은 가히 하늘을 찔렀다.

하지만 우리 동네 사람은 그렇다 치고, 우리 동네와 쌍벽을 이루는 '약수동 산○○번지'에 사는 사람들은 과연 어떤 사람들일까?

나는 항상 이런 의문을 품고 살았다. 그런데 이 궁금증을 풀 사건이 그렇게 빨리 생길 줄을 나는 전혀 모르고 있었다.

대학 2학년 때 5월이다. 내 여동생이 학교 가는 버스를 갈아타려고 무교동에서 버스를 기다리는데 한 아가씨가 "어머!" 하며 확 끌어안았다. 그러고는 오빠에게 전해 달라며 명함에다 메모를 재빨리 써 주고는 사라졌다. 명함에는 이렇게 쓰여 있었다.

괭장히 보고 싶으네요.

별일이다 싶었지만 나는 전화를 하지 않았다. 내가 전화에 약한 것은 독자들도 잘 알 것이다. 얼음 덩어리 주문에 버벅거리던 옛날이 떠올라 전화라면 지긋지긋한걸!

그런데 몇 주 후 내 여동생이 그녀를 또 만났다. 당시

무교동은 수많은 선남선녀가 출근 시간에 교차하던 지역이었다. 요번 메모는 명령조였다.

6월 6일 10시 신당동 문화당 빵집으로 나오세요.

문화당 빵집은 약수동 산동네와 금호동 산동네의 중간 지점에 마치 판문점 회담장처럼 버티고 있었다. 한 번쯤은 나가야 할 것이다. 안 나가면 쳐들어올 테니까. 마음에 단단히 각오를 하고, 사실은 정중하게 거절하기 위해 나갔다.

그녀가 빵집 문을 열고 상기된 얼굴로 들어오는 순간 내 마음이 변했다. 그녀는 어제의 촌뜨기가 아니라 서울에서 수돗물을 먹어서 그런지 뽀얘져 있었다! 수돗물에는 클로로칼키라는 표백제가 들어 있어서 얼굴이 뽀얘진다고 나는 믿었다. 나뿐 아니라 청주 사람 일부도 그렇게 믿었다.

혼자서 계속 종알거리는데 다 귀엽고 좋아 보였다. 그래서 친구에게 소개해 주려던 응큼한 계획을 접었다. 응큼한 계획이란 그녀를 얼마 전 실연당한 나의 친구 공필성

(가명)에게 소개하는 것이었다. 나는 일석이조의 효과를 노렸는데, 그것은 귀찮은 여자를 나에게서 떼어내어 공가 놈에게 붙임으로써, 불쌍한 두 남자를 동시에 구하는 것이었다.

나는 깊이 반성하고 그다음부터는 그녀가 하자는 대로 다 했다. 경복궁에 가재서 따라갔고, 메밀국수를 먹재서 먹었고, 현충일이니까 국립묘지에 가재서 같이 갔고, 급기야 '약수동 산○ ○'에 있는 자기 집에 가재서 줄레줄레 따라가 그 어머니께 인사를 드렸다.

그때 나는 '약수동 산○ ○'에 사는 인간들이 '금호동 4가 산○ ○'에 사는 사람들처럼 매력적인 인간이라는 것을 금방 깨달았다. 한 가지 아쉬운 점은 금호동같이 아슬아슬한 벼랑 끝 동네가 아니라 위대한 인물이 나오기에는 약간 미흡한, 완만한 지형의 산동네라는 것뿐이었다.

희한하다. 그녀가 살던 산동네는 아직 그대로 있는데, 내가 살던 산동네 세 곳, 마산 추산동, 청주 우암동, 서울 금호동은 반백 년이 지난 지금 모두 무허가 건물을 철거하고 초목으로 파랗게 단장한 녹색의 공원이 되어 있다.

전에는 인간이 살았지만 이제는 요정이 산다.
명당이다!

비원학파

대학에 들어갔을 때 나는 혼자 공부하면 안 된다는 강한 신념을 갖고 있었다. 백지장도 맞들면 낫듯이, 뜻있는 학인(學人)들끼리 학파를 이루어야 진리에 도달하기 쉬우리라. 그래서 내 딴에는 동지를 모으고 권위 있는 학파를 만들려고 무진 애를 썼다.

입학하자마자 처음에 만든 '학파'가 '떡 삼형제'다. 모두가 외교과 신입생들로, 하나가 떡칠이, 또 하나는 떡팔이, 내가 떡만이였다. 물론 이 학파는 문리대의 다른 세 또라이가 만든 이른바 '3색회'에 맞서기 위한 성격이 강했던 것도 사실이다. 그들은 색마, 색골, 색광을 표방하고 있었다.

삼색회는 색(色)과 삶의 관계를 실천적으로 파고든다나 뭐라나, 상당히 학술적인 성격을 띠고 있었으나, 우리 '떡 삼형제'는 섹스를 통해 엑스터시 속에서 깨달음을 얻는다는 분명하고도 단순한 목표만 갖고 있었다. 그런데 섹스를 하려면 파트너 여학생이 있어야 하는데 그런 뜻을 가진 여학생이 있을 리가 있나? 전혀 없지! 그래서 학파를 구성하자마자 조직이 와해되었다.

두 번째로 내가 조직한 학파가 '가요 반세기 클럽'이다. 이 학파는 천대받는 우리 민중의 노래인 대중가요(유행가)를 부흥시키고, 잘 부르든 못 부르든 목이 터지게 노래를 부름으로써 오묘한 음률을 통하여 해탈에 이른다는 원대한 목표를 갖고 있었다.

클럽의 시발(始發)은 이랬다.

문리대에 처음 들어갔을 때 내 눈에 확 들어온 물체는 '문리대 4.19 탑' 주위에서 빠르게 왔다 갔다 하는 키 크고 비쩍 마른 인간이었다. 그가 미학과 유홍준인데, 그 인간이 이번 4.19 행사에서 제사를 주관하는 무당 겸 제주(祭主)라는 사실에 나는 놀라 자빠지는 줄 알았다. 날고 기는 선배들을 제치고 입학한 지 한 달 보름밖에 안 된 햇병아리가 제주라니! 나는 한편으로는 감동하고 또 한편으로는 제주를 잘 받들면 뭐라도 생길까 싶어서 그때부터 유홍준을 졸졸 따라다녔고 그의 심부름꾼을 자처하였다. 일례로 홍준이가 제사용(祭祀用) 돼지머리를 사 오라면 나는 동

대문시장에 가서 그걸 사 오되, 최고 맛있는 돼지 혓바닥은 내가 미리 빼 먹었다.

나는 혓바닥뿐 아니라 유홍준의 목구멍까지 노렸는데 그리하여 결국 나의 '가요 반세기 클럽'에 그를 끌어들이는 데 성공하였다. 그래서 '가요 반세기 클럽' 회원이 드디어 유홍준과 나, 두 명이 되었다. 상상 임신에 불과하던 가요 반세기 클럽이 실체적 진실이 되는 순간이었다. 그러나 우리 클럽은 더 이상 회원이 늘지 않았다. 가입 조건이 너무 까다로웠기 때문이다. 그래서 노래도 몇 곡 못 부르고 흥이 안 나서 자진 해산했다.

가입 조건은 별것도 아니고 존 듀이의 『민주주의와 교육』을 읽고 오는 거였다. 근데 누가 그걸 읽어? 홍준이부터 안 읽었는데! 그럼 나는 읽었냐고? 나도 안 읽었다.

세 번째로 조직한 학파가 '비원학파'다. 이 학파는 술에 취함으로써 무아지경에서 주신(酒神)과의 합일(合一)에 이르는 것이 목표였다. 처음으로 성공할 조짐이 보였다. 일단 가입하려는 대가리 수가 절대적으로 많았으니까. 이 학파도 원래는 우연한 사건으로 이루어진 것이다.

나는 서울에서 잘 데가 없는 무숙자(無宿者) 신세였으므로 주거가 일정치 않아 신체검사 통지를 받지 못해서 신체검사 기피자로 몰렸다. 그래서 울며 겨자 먹기로 학훈단*에 들어갔다. 학훈단에 들어가면 기피자의 누명은 벗을 수 있었다.

학훈단에는 나 같은 불평분자들이 득시글했다. 그런데 하루는 불평분자 여섯 명이 의기투합하여 훈련을 빼먹고 창경원으로 놀러 갔다. 입장료가 쌌기 때문이다. 그러고는 즉시 비원으로 월담*하였다.

비원은 지금도 그렇지만 고즈넉하고 분위기가 좋다. 거기서 내가 한 가지 제안을 했다.

"지금 서양에서는 비엔나 학파가 철학을 주름잡고 있습니다. 우리도 그에 맞서는 권위 있는 학파를 만들었으면 합니다만, 이름은 비원학파(School of the Secret Garden)로

* 학훈단 : 학군단의 옛 이름. ROTC.

* 월담 : 넘는다는 뜻의 한자 '越'과 순우리말 담이 합성된 혼종어로, 말 그대로 담을 넘는 행위를 이른다. 당시 비원에 입장하는 가장 싼 방법이 창경원으로 입장하여 비원으로 월담하는 것이었다.

하는 게 어떠하올지?"

불평가들은 자신이 권위 있는 학파의 구성원이 된다는 사실에 감격하여, 학파 결성에 무조건 찬성이었다.

"야, 그거 괜찮은데." "나는 찬성!" "나도!"

"그런데 이런 뜻깊은 자리에 술이 없다니요! 이래서야 무슨 창립식이 되겠습니까?"

"그건 말이 안 되지!"

"그럼 각개 전투식으로 흩어져서 술을 구해 오는 게 어떨까요?"

"좋지!"

이래서 각자 흩어져서 상춘객들에게 정중히 절하고, 학파를 창립하는 취지와 저간의 사정을 설명하면서 술과 안주를 구해 왔다. 그러고는 통음하며 주신(酒神)의 경지로 올라가려고 몸부림쳤다.

이 학파도 가입 조건이 까다로워서 여섯 명에서 조금도 늘지 않았다. 만장일치였으니까, 생각해 보시라. 만일에 유엔 안보리 상임이사국이 6개국이면 뭐가 결정 나겠는가? 절대 안 나지. 지금 5개국인데도 하나도 결정되는 게 없는데!

더구나 우리 여섯 명은 서로가 서로의 영원한 적수로서, 누가 무슨 의견을 내면 일단 반대부터 하고 그다음에 생각을 하는 특이한 체질의 인간들로 구성되어 있었다. 그래서 세상의 어느 누구도 더 이상 가입할 수 없었다.

참고로 이 학파는 지금도 존재하지만 아직도 진리에 이르진 못했다.

창립 멤버는 외교과의 장두환, 영문과의 최준석, 독문과의 김성겸, 화학과의 변명섭, 동물학과의 심혁 그리고 나다. 벌써 저세상으로 간 분도 있고 미국으로 가서 소식이 끊어진 친구도 있다.

여러 학파를 두루 섭렵해 보다가 깨달은 점이 하나 있다. 이렇게 학파를 계속 조직하다가는, 이것도 저것도 안 되고, 내 인생이 망가질 거라는 점이었다. 그래서 독하게 독학의 길로 나아가기로 결심했다.

나는 여러 책을 두루 읽기보다는 진리에 가장 가까운 책을 정독하는 스타일이다. 그래서 내가 정독한 책이 크레인 브린턴이 쓴 『서양사상사』다.

나는 아편 전쟁에서 동양이 진 후로 동양을 믿지 않았다. 지피지기면 백전백승이라고, 서양을 공부해야 하고,

서양을 공부하기 위해서는 그들의 철학을 이해해야 한다고 믿었다.

그런데 한 가지 난점이 있었다. 내가 외국어를 너무나 못한다는 것이다. 그래서 번역된 책에 의존했는데 관심 있는 책 중 번역이 제일 잘된 게 최명관 씨가 옮긴 『서양사상사』였다. 문제는 그 책이 너무나 평범해서, 이해하기는 쉽지만 배울 점이 거의 없었다는 점이다. 외우고 싶어도 외울 만한 구절도 없었다.

내가 만일 영어에 능통했다면 존경하는 버트런드 러셀의 『서양철학사』를 영어로 제대로 읽고 일부는 달달 외웠을 것이다. 그런데 영어도 못하고 번역판도 제대로 된 게 없어서 하찮은 크레인 브린턴을 읽다니, 비참한 심정이었다. 그래서 나는 평생을 참된 지식인이 못 되고 얼치기 지식인에 머물렀던 것이다.

작은 새

나는 그녀에게 점점 빠져들었다. 이유는 네 가지다.

첫째, 그녀는 내가 육체를 바친 첫 여성이었기 때문이다. 여성들은 어떻게 생각할는지 모르지만 나같이 약간 모자란 남자들은 손을 바친 것을 육체를 바친 것으로 친다. 왜 "손은 잡아 보았느냐?"라는 말을 흔히 하지 않는가! 손 다음에 키스고 키스 다음에 뭐고 이렇게 나가는 데서 알 수 있듯이, 손은 육체의 문이다. 그리고 문만 뚫리면 그 다음은 일사천리다.

내가 육체를 바친 사건은 이렇다. 나는 배구 선수 출신이다. 중2 때까지 학교 대표 선수였다. 모든 선배가 이 사실을 알았다. 그런데 나를 용병으로 써먹는 선배가 없었다. 바보들, 내가 얼마나 싼데! 근데 다행히도 고2 때 교회 다니는 한 선배가 나에게 접근했다.

"우승만 시켜 주면 짜장면 실컷 먹여 줄게."

그 교회는 청주 시내 교회 대항 배구 대회에서 계속 준

우승만 해서 우승에 포원(抱冤)이 들려* 있었다. 나는 흔쾌히 허락하고 가짜 교인으로 등록해 그 교회를 우승시켰다.

우승을 하고 배구 코트에서 막 나오는데 어떤 여학생이 대담하게 악수를 청했다(훗날의 그녀다). 나는 전혀 방비가 되어 있지 않아서 얼떨결에 악수했다. 허무하게 나의 손을 바친 것이다. 여성들이 정조를 바친 남자에게 시집감으로써 절개를 지키듯이, 나도 손을 바친 여성에게 장가감으로써 절개를 지키고 싶었다.

둘째, 출신 성분이 너무 좋았다.

내가 혁명가가 안 되면 모르지만, 만일에 혹시 혁명가가 된다면 혁명가의 아내로서 출신 성분은 무지하게 중요했다. 그래야 배신을 안 때릴 테니까. 무엇보다도 그녀가 가난하다는 게 마음에 들었다.

더구나 나중에 안 사실이지만, 그녀의 아버지는 월북

* 포원이 들리다 : 소원이 원한이 되어 가슴속에 맺히다.

한 딴따라였다. 이러니 지가 어디로 가겠는가. 이 분단된 남한의, 연좌제*가 시퍼렇게 살아 있는 반공 사회에서 어떤 미친놈이 저를 받아 줘? 나밖에 더 있나?

셋째, 명필이었다.

바야흐로 잉크와 펜의 시대는 가고, 모나미 볼펜을 쓰는 시대였는데, 당시 모나미 볼펜 명필은 극히 드물었다. 그녀가 명함에 쓴 아홉 글자 '굉장히 보고 싶으네요'를 보았을 때, 야 이건 흉내 낼 수 없는 달필이구나 하고 느꼈다. '문화당 빵집으로 나오세요'도 마찬가지였다. 이건 위조가 불가능한 글씨였다. 만일에 비밀 메모가 오간다면? 이건 유일하게 신뢰할 수 있는 보증 수표 같은 글씨였다.

넷째, 이게 가장 중요한 것인데, 그녀가 천상에서 온 느

* 연좌제 : 범죄자의 친족에게 연대 책임을 지우는 제도. 월북자는 대역 죄인이나 마찬가지여서 그 가족은 출세는커녕 취직하기도 힘든 시대가 있었다.

낌이 비교적 난다는 것이었다. 나는 불과 1년 전까지만 해도 여성을 신비스러운 존재로 알았으니, 그때는 바보 같기가 이루 말할 수 없었다.

내가 그녀에게 손을 잡혔을 때가 1965년도인데 그해에 전 세계를 휩쓴 노래가 있었다. 메리앤 페이스풀이 부른 〈작은 새〉다. 참고로 이 노래는 내가 아는 영어 노래 두 곡 중 하나로, 내가 매일 밤 부르는 노래다.

나는 그녀가 이 노래에 나오는 작은 새 같다는 느낌을 지울 수가 없었다.

누군가(神이) 보낸 작은 새
지상으로 내려가 바람 타고 살라고
바람에 실려와 바람 위에 잠드는
신이 보낸 작은 새
(중략)
그녀가 땅에 닿는 것은
죽을 때 한 번뿐이라네

나는 작은 새를 숙명으로 받아들였고, 어머니의 밑도 끝도 없는 반대를 물리치고 결혼하기로 마음먹었다. 나의 가정을 지켜 줄 천상에서 보내온 작은 새를 얻기로 한 것이다.

작은 틈 사이

나는 1971년 2월 20일 ROTC 9기, 해병 소위로 임관하여 1973년 2월 20일 해병 중위로 전역했다.

나의 군대 생활에는 두 가지 상반된 평가가 존재한다. 상관들은 나를 '해병대의 암적 존재'라고 불렀다. 그러나 부하들은 전혀 빈정거리는 의미에서가 아니라 진심을 담아 나의 부대 앞에다 '인생 낙원'이라는 수식어를 붙였다. 가령 내가 근무하는 부대가 18초소(가명)이면 '인생 낙원 18초소'라고 불렀다.

소대장인 나의 복무 방침 중 하나는 '있을 때 먹고, 없을 때 굶자!'였다. 민간 김치* 같은 사치스러운 음식을 나나

* 민간 김치 : 그냥 집에서 먹는 배추김치를 우리는 흔히 '민간 김치'라고 불렀다. 당시 군대에서는 '양배추김치'를 주었는데, 이건 김치라기보다는 약간 맛이 간 양배추에 가까웠다. 이런 사정을 잘 아는 근처 동네의 이장님이나 인심 좋은 민가에서 배추김치 한두 포기를 줄 때

고참만 먹는 일은 거의 없었다. 모두가 함께 먹고 모두가 함께 굶었다. 고참 일부를 제외하고는 모두가 좋아했다.

제대를 했어도 살 길이 막막했다. 곧 결혼할 예정이라 가난한 두 가정을 동시에 건사해야 할 처지였다. 1970년대 초라 직장 수도 적었지만 가릴 형편도 못 되었다.

나는 편집 교정 부호조차 몰랐지만 동서문화사 편집부에 시험을 보고 들어갔다. 도쿠가와 이에야스가 주인공인 일본의 대하소설 『대망』 전집을 찍어 내 을지로에 빌딩을 지은 출판사다.

사장 고정일 씨는 소설가 지망생이고 편집장 민윤기 씨는 시인이었다. 둘 다 문청(文學青年)이라 분위기는 나쁘지 않았다.

민윤기 씨는 내가 퇴직한 뒤 37년이 지난 2010년에도 내가 무슨 '화제의 인물'로 신문에 나기만 하면 전화를 걸어, 내가 입사 시험 때 쓴 『카라마조프가의 형제들』에 대

가 있는데, 이날은 우리 소대의 잔칫날이었다.

해 얘기하곤 했다.

"한 형이 쓴 그 독후감! 고 사장이랑 나는 아직도 얘기한다니까요."

나는 베토벤을 주인공으로 쓴 로맹 롤랑의 소설 『장 크리스토프』를 교열하는 일을 맡았다. 그때 나는 편집에서 가장 중요한 일은 좋은 책을 선정하는 거라는 걸 배웠다.

동서에는 인재들이 많았다. 여러 인재들 중에서 신앙촌에 산다는 김각 씨가 가장 인상에 남는다. 김각 씨가 한 우스개 중에서 이게 기억난다.

> 어떤 학생이 중국집에 들어가 짜장면 아홉 그릇을 먹었다. 중국집 주인이 한 그릇 더 먹고 열 그릇 채우라고 하자
>
> "내가 돼지인가 뭐!"
>
> 하고 나오다가 문지방에 걸려 넘어졌다.
>
> 그러고는 한다는 얘기가
>
> "역시 밀가루는 힘이 없어!"

당시는 토요일에도 8시간을 근무했다. 지치고 지루했

다. 편집부원들은 토요일 오전만 근무하는 게 꿈이었다. 그래서 토요일 오후에는 쉬게 해 달라고 했더니 고 사장은 만일에 일주일 동안 한 사람도 지각하는 사람이 없다면 그렇게 해 주겠다고 약속했다.

일주일 동안 아무도 지각하지 않았다. 편집부원들은 지각할 것 같으면 아예 결근을 해 버렸으니까. 이건 일종의 반칙이라 사장이 인정하지 않았다.

그래서 동맹 파업을 했다. 일주일 동안 아무도 출근하지 않은 것이다. 그 일주일의 작은 틈 사이에 나는 결혼했다.

월광곡

약수동 성결교회에서 결혼식을 올렸다.

웬만한 친구들은 다 왔다. 안 오면 평생을 괴롭힐 텐데 누가 안 오나? 그런데 피로연이 없었다. 음식점 잡을 돈이 없었으니까. 섭섭해서 선배들은 이렇게 말했다.

"윤수야, 너 다음번 결혼할 땐 꼭 음식점 잡아라."

수유리에 있는 아카데미 하우스로 신혼여행을 갔다. 아주 가깝지. 구태여 멀리 갈 필요는 없었다. 우리는 2년 전 대학 졸업할 때 미리 연습 삼아 해인사로 신혼여행 다녀왔으니까.

아카데미 하우스에서 자고 다음 날 쌍문동 우리 집에서 조촐한 잔치를 치렀다. 아주 가까운 친구들만 왔다. 싸게 먹히지. 친구들은 결혼 선물로 청계천에서 전축을 조립해 가지고 왔다. 판이 한 장인가 두 장인가. 하여간 베토벤의 월광곡이 있었다. 매일 저녁 월광곡을 들었다. 왜냐하면 다른 곳이 없었으니까.

일주일 후 동서문화사에 출근하니 어떻게 비밀 결혼을 할 수 있냐며 섭섭하다고 난리가 났다. 내가 원래 그런 사람이야. 내가 인간을 안 놀래키면 인간이 아니야. 그러고 재미도 없잖아.

결국 동맹 파업이 아주 파업으로 끝났다. 편집부원들은 거진 다 그만두었다. 고 사장님도 그렇지, 못 이기는 척 양보 좀 하지. 아까운 인재들 다 놓쳤잖아. 하여간 그때는 독재 정권에 유신 시대라 그런지 서로 양보가 없었다.

그래서 계속 월광곡만 듣다가 광명인쇄소에서 사람을 뽑는다기에 그리로 갔다. 5.16 쿠데타 당시 박정희의 혁명 공약을 찍은 그 인쇄소였다. 나는 청와대에서 발행하는 『새마을』이란 화보를 교열하는 일을 맡았다.

월급이 워낙 짜서 한 가정도 건사하기가 어려웠다. 그런데 인쇄소가 고려원양이라는 자매 회사도 갖고 있어서 가끔 꽝꽝 얼린 동태를 상자째로 주었다. 그건 잘 녹지도 않아서 시내버스 차장도 잘만 태워 줬다. 요즘 같으면 어림도 없지. 그걸 약수동 처가에 갖다주었다. 동태라도 녹여서 먹고 살라고.

인쇄소에서 배운 것은 딱 하나였다. '인쇄소 내일 모레'라는 말이 있었다. 뭐 같은 거 찍어 달라면 내일 찍어 줄게, 모레 찍어 줄게 하면서 약속을 한없이 미루고 안 지키는 게 당시의 풍조였다. 그래서 나는 반드시 약속을 지켜야 한다는 것을 배웠다. 나는 어려서부터 청개구리 체질이라 뭐든지 반대로 하는 것은 아주 잘했다.

결국 그놈의 짠 월급 때문에 부득이 월급이 조금 나은 주택공사로 옮길 수밖에 없었다.

장모의 죽음

나는 결혼을 하면서 나보다 훨씬 유능한 직업여성, 작은 새를 데려왔다. 이건 나로선 상당한 이익이지만 처가 입장에서는 기둥뿌리를 뽑아간 거나 마찬가지여서 엄청난 손해였다.

지금의 나라면 결혼을 마흔 살 이후로 미뤘을 것이다. 내 장담하는데 나는 한번 결혼한다면 꼭 결혼하는 사람이라 마흔 살 아니라 쉰 살이 넘어도 꼭 약속을 지킬 사람이었다. 배신? 그런 거 일절 없지! 근데 그때는 어찌 된 셈인지 그만한 머리가 안 돌아갔다. 그리고 변명 같지만 아기가 자꾸 생기는 것을 어찌하나.

하지만 그것도 말이 안 되었다. 요즘 젊은이들은 현명하니까 그것도 잘 피하잖아.

나는 경리과에 얘기해서 월급봉투를 새로 받아 가지고 그걸 가라*로 만들었다. 이건 그 당시 꽉 막힌, 일부 양심적인 인간들을 제외하면 거의 모든 남자들이 써먹는 수법이었다. 그러니 경리과에 얘기하면 새 봉투를 얼마든지 주었지!

신용을 중시하는 일부 주당들은 그렇게 떼어먹은 돈으로 술값을 갚음으로써 신용을 지켰지만, 나는 장모에게 갖다주었다. 예를 들면 월급이 4만 7000원이면 3만 2000원으로 속여서 3만 2000원은 본가에, 1만 5000원은 처가에 갔다.

한번은 잠실 주공아파트 17평에 운 좋게 당첨이 되어서 프리미엄 몇십만 원이 생긴 적이 있는데 그 돈도 모두 처가로 갔다.

그래도 새발의 피였다. 작은 새가 있을 때는 매달 꼬박꼬박 정기 수입이 들어오다가 그게 끊기니 장모의 충격이 컸다.

결국 1976년 1월 어느 추운 겨울날 장모가 당뇨를 앓다가 돌아가셨다. 파란만장한 일생이었다. 청주에서 상당한

* 가라 : 일본어 '空'. 가짜, 헛것.

부잣집 딸로 태어나 발레를 조금 하다가 가난한 연극 배우와 결혼했고, 그 배우가 친정 남동생과 함께 월북하자, 아마도 친정집 자체가 빨갱이로 몰릴까 봐 그런 거 같은데, 다시 이북에서 내려온 반공 청년과 재혼하여 씨 다른 아이 둘을 더 낳았고, 그 남편도 일찍 죽자 혼자된 몸으로 세 아이를 키웠다. 보따리 장사고 화장품 외판원이고 도시락 장사고 안 해 본 일이 없었다. 무슨 영화 스토리 같잖아. 근데 미안하지만 천만 이산가족이 거진 다 이랬다.

날이 너무 춥고 올 사람도 없어서 전고에 없는 2일장을 치렀다. 아무도 안 왔다. 비겁한 놈들, 친척들도 안 왔네! 그래도 내 친구 중에는 장영섭이가 와서 만 두 살이던 우리 큰애를 업고 일산 공동묘지까지 따라와 주었다. 영섭아, 나 죽어도 그날 고마운 거 안 잊는다.

나는 중학생이던 처제를 우이동 솔밭 옆 우리 집 단칸방으로 데려왔다. 그리고 우리 셋방 주인 안문기 씨에게 부탁해서 우리 방과 붙은 아주 작은 쪽방을 얻어 주었다. 이로써 나는 결혼 3년 만에 처가 문제에서 해방되었다. 이제 나는 무서울 것이 없었다.

판초 빌라

직업 혁명가는 다른 직업을 가지면 안 된다. 그러나 목구멍이 포도청이라 나는 뻔뻔하게도 세 번이나 직업을 가졌다. 맨 처음 동서문화사에 있다가 잘려서 광명인쇄소로 옮겼다가 배가 고파서 주택공사로 다시 옮겨 2년이나 있었다.

그러나 술에 취한 폐인이 되어

"100만 원만 있으면 당장 그만둔다!"

소리를 입에 달고 다녔다. 주택공사 동료 중에 약간의 여유가 있던 친구가 물었다.

"100만 원 있으면 뭐 할려고?"

"출판사 차리지!"

그가 100만 원을 빌려주었다.

나는 1976년 3월 도서출판 '청년사'를 창립했다.

당시 나는 우이동 솔밭 옆 안문기 씨네 가게, 이층 단칸방에 세 들어 살았다. 거기가 바로 청년사였다.

방은 단칸방이지만 방에서 내려다보이는 수천 평이나 되는 솔밭을 뒷마당처럼 쓰고 있어서 수많은 술꾼들이 몰려들어 밥도 먹고 술도 먹고 닭과 그 밖의 동물도 잡고 우리 어린 아들을 베개로 착각하여 잠도 자고, 기타 치며 고성방가도 했다.

이렇게 말도 안 되는 무지막지한 짓들이 가능했던 것은 어느 날 새벽 연탄가스에 중독된 안문기 씨를 내가 업고 병원으로 신속하게 옮겨서 살려낸 생명의 은인이었기 때문이다.

술꾼도 좋고 통기타도 좋다. 그런데 서울 시내에 웬 실연한 놈들이 그리 많은지, 그놈들이 다 몰려와서 나에게 상담을 청하는 거였다. 심지어 열흘씩 먹고 자고 묵새기는 놈도 있고, 매일 출퇴근하는 놈도 있었다. 그들이 한결같이 하는 말.

"야, 윤수야, 나 어떡하냐?"

이 씨팔 놈들아, 내가 그걸 어떻게 알어? 여기가 출판사인지 연애상담소인지 분간도 안 가냐? 이건 순전히 영업방해였다.

그런 악질적인 방해에도 불구하고 어쨌든 첫 번째 책, 멕시코 혁명가 판초 빌라*의 회고록이 최준석의 희생적인 번역으로 막 탄생하려고 용틀임을 치고 있었다. 왜 희생적이냐 하면 나는 준석이에게 번역료를 준 적이 없다. 『판초 빌라』는 그렇다 쳐도 『나를 운디느니에 묻어주오』는 그때 출판사 형편도 괜찮았는데 왜 안 주었는지 모르겠다.

준석이 전북대 정년 퇴임식 날 전주에 갔다가 택시로 요릿집으로 이동하면서 문득 그제야 번역료 생각이 나서

"야, 그때 내가 번역료 줬냐?"

물었더니

"임마, 니가 언제 줘? 너는 평생에 도움이 안 돼!"

소리만 들었을 뿐이다. 이상하네.

하여간 번역료는 그렇고, 표지가 문제였다. 근데 내가 명색이 동서문화사 편집부 출신인데 책 표지 한 장 만들

* 판초 빌라 : 'Pancho Villa'. 멕시코 발음으로는 빤초 비야. 그러나 이 사람이 주로 알려진 게 서부 영화를 통해서였고 영화에서는 미국식으로 판초 빌라로 부른다. 1976년도 그 당시 현실에서 멕시코식으로 했다가는 아는 사람도 없고 책도 안 팔릴 거 같아서 나도 미국식으로 불렀다. 본인에게는 미안하게 생각한다.

수 없는 실력이라는 사실을 깨닫고 자괴감이 들 무렵, 금성출판사에서 근무하는 유홍준이가 목침보다 훨씬 더 두꺼운 이희승 국어대사전 두 권과 사식 눈금표, 쇠 막대자 등 편집용구 일체를 금성에서 쌔벼 가지고 와서 밤을 꼴딱 새우며 표지를 만들어 줬다. 가요 반세기 클럽 동지로서의 우정이 눈물겨웠다. 이 실연한 시러베아들 놈들아! 홍준이 잠 안 자고 일하는 거 눈에 안 보이냐? 이 호랑말코 같은 놈들아. "야, 윤수야, 나 어떡하냐?" 그따위 소리 한 번만 더 씨부려 봐. 그 납작한 얼굴을 이희승 국어대사전으로 짓눌러서 아주 오징어로 만들어 줄 테니까!

홍준이는 밤을 꼴딱 새운 다음날 아침, 우리 집에서 자고 간 수많은 기성 인물들과 상반된 행동을 보였다. 기성인들은 안 일어나려고 온갖 태업 행위를 일삼다가 밥상이 들어오면 마지못해 일어나

"야, 윤수야, 지금 몇 시냐?"

"아, 오늘 출근하기 싫네."

이따위 식으로 별 의미도 없는 말을 하품 섞어 하며 이불을 개기는커녕 한쪽으로 밀어 놓고 입이 깔깔하다며 밥도 먹는 둥 마는 둥 하고 세수도 안 하고 출근하기 일쑤였다.

그러나 홍준이는 일단 이불 개고, 옷 단정히 입고, 출근 가방 딱 옆에 갖다 놓고, 완전 무장한 상태로 뭔가를 기다렸다. 밥이지 뭐!

집사람이 밥 차리느라 반찬 한두 가지를 상에 놓으면서

"얼른 씻고 오세요"

하니

"아까 씻었어요"

하며 밥상 앞으로 달려들어, 아이고, 왜 이렇게 밥을 빨리 안 줘? 하는 표정으로 또 기다리더니, 집사람이 밥을 놓자마자 순식간에 해치우고 벌써 나가서 신발 신고 나한테

"야, 윤수야, 이따 김 선생한테 꼭 전화해."

당부까지 하고 사라지는 데 정말 몇 초 안 걸렸다. 내가 그날 스톱워치로 직접 재지는 않았지만 내 짐작으로는 11초 정도? 길어야 12초였다.

집사람은 아직도 말한다. 우리 집에 그렇게 많은 사람이 와서 자고 갔어도 그렇게 빠른 사람 처음 봤다고.

여보, 놀랄 것도 없어. 홍준이는 지금도 나 만나서 악수하고 눈 들어 보면 벌써 길 건너에서 손 흔들며 사라지는 인간이야.

『판초 빌라』는 나름대로 성공이었다. 아는 인맥을 동원하여 협박으로 다 팔았으니까. 혁명과는 아무 관련도 없는 주택공사 직원들도 그 책을 다 샀다. 그래서 재판(再版)을 찍었는데 거의 안 나갔다. 이젠 협박할 사람이 없었기 때문이다. 그래도 나중에 들으니 창작과비평사에서는 편집 회의가 열렸다고 한다. 왜 우린 이런 책을 찍지 못하느냐고.

무데뽀

책을 다 팔아도 남는 게 없었다. 비록 단칸방이지만 출판사와 가정과 때때로 실연상담소를 겸하고 있어서 식비가 엄청 들어갔다. 굶어 죽지 않으려면 책을 정신없이 빨리 찍어 돌려서 책 한 권에 들어가는 평균 식비를 줄이는 수밖에 없었다.

그래서 두 번째로 빨리 찍어 돌리려고 기획한 책이 『한국논픽션선서』 세 권이다. 암태도 소작쟁의 등 근현대사의 민중 항쟁을 그린 10편의 논픽션을 모은 책인데 표지화와 삽화를 그릴 사람이 필요했다.

그래서 유홍준이로부터 소개받은 화가가 오숙희 선배다. 문리대 앞 학림다방에서 만났다. 오 화백은 나에게 명륜동 대폿집으로 가자고 했다. 거기 가 보니 시인 최민이 기다리고 있었다.

셋이 막걸리를 마시며 노래를 불렀는데 최민은 〈나그네 설움〉을 불렀다. 당대의 시인이자 미술평론가가 천대받는 민중의 가요, 유행가를 부르는데 깊은 감명을 받았다. 나 역시 우리 가요를 지키려고 가요 반세기 클럽을 창립했던 장본인이 아닌가. 그래서 셋은 의기투합했다.

그런데 막상 오 화백이 표지화와 삽화를 그려 왔는데 보니 선이 너무 굵고 거칠어서 혹시 남자가 그린 게 아닐까 하는 의심이 들었다. 내 예감이 맞지! 나중에 실토하는 걸 들으니 오 화백의 동생인 판화가 오윤(吳潤)이가 그렸다나!

하여간 그날 오 화백이 자기는 표지를 만들 줄 모르니 표지 만들 사람을 소개해 주겠다며, 나를 수유리와 우이동의 중간 지점에 있는 가오리의 화실로 데려가, 당대의 천재 화가인 오윤과 인사시켰다. 물론 나중에 안 사실이지만 오윤은 표지 제작자로는 적합하지 않았다. 상업성을 전혀 고려하지 않았으니까.

오윤은 광대뼈가 툭 튀어나온 바짝 마른 얼굴에 실눈이 가늘게 찢어져서 눈은 희미하게 웃고 있지만 매우 날카로운 인상이었다. 더구나 말도 몇 마디 안 하는 게 더 나빠 보였다. 솔직히 나도 악질이지만 나보다 더 악질로 보였다. 왜 휘발유 좍 뿌려 놓고 성냥을 쓱 그어 대는 그런 인간 있지 않은가!

악질은 악질을 알아본다고, 오윤과 나는 죽음으로 헤어지는 날까지 서로가 서로를 존중했다. 나보다 학년으로는 3년 위, 나이로는 두 살 위지만 진정한 친구였다. 물론 의견이 갈릴 때도 있었다. 그러나 그건 사소한 차이였다. 나는 고기성* 이후 처음으로 참된 우정을 느꼈다.

논픽션도 잘 안 팔렸다.

나는 논픽션 3권 한 세트를 누런 마분지 봉투에 담고, '새로운 自覺(자각)과 開眼(개안)을 위한 奮起點(분기점)!' '民族(민족)의 알맹이를 찾자!'라는 선동적인 찌라시를 만들어 가지고 관악산 서울대 앞에 가서 노점상 식으로 팔았다. 근데 이게 팔리겠어? 아직도 '서울의 봄'이 오려면 4년이나 남은 공포의 유신 시절에 이게 팔리겠냐구? 그러나

* 고기성 : 나한테 비과 몇 개를 주고 꼭 세어 보던 대전 신흥국민학교 시절 친구.

오윤은 좋게 생각했다. 나를 용기 있는 진실남으로 생각하는 거 같았다.

나는 수유리부터 종로2가까지 모든 책방을 걸어서 일일이 방문하고 다니며 서점 주인들에게 잘 팔아 달라고 간곡히 부탁하기도 했다. 하지만 그런다고 책이 팔리겠어? 이건 무슨 방문 판매도 아니고 팔리겠냐구? 그러나 오윤은 좋게 생각했다. 나를 '무데뽀'지만 정성스러운 고독남이라고 생각하는 거 같았다.

무데뽀는 무철포(無鐵砲)의 일본식 발음이다. 조총은 우리말이고 일본 사람들은 철포(鐵砲) 즉 데뽀라고 부른다. 그런데 무기가 발달한 시대에 데뽀도 없이 그야말로 무데뽀로 돌격하면 총에 맞아 다 죽는다. 〈가게무샤(影武者)〉라는 영화의 라스트 신은 당시 일본 최고의 기마부대였던 다케다 신겐의 기마부대가 데뽀도 없이, 그야말로 무데뽀로 돌격하다가 오다 노부나가와 도쿠가와 이에야스의 연합군 조총 부대에 걸려 전멸하는 장면으로 되어 있다. 즉 앞뒤 안 가리고 대책도 없이 무모한 행동을 하는 자를 무데뽀라고 한다.

하여간 유감스럽게도 책은 무데뽀로 안 팔렸다. 그러니까, 책은 더럽게 안 팔리지만 오윤과의 우정은 깊어만 가는 그런 가슴 아픈 모순의 계절이었다.

그래도 한 가지 긍정적인 변화는 실연한 놈들이 찾아오는 빈도가 훨씬 줄어드는 것이었다. 나는 그놈들을 피하여 오윤의 화실에서 노는 날이 많아졌고, 그놈들도 허탕을 치는 빈도가 잦아졌다. 그래서 그놈들이 오면 가오리 화실에서 놀고, 그놈들이 안 오면 청년사에서 노는 우리의 이중생활이 시작되었다.

오윤 남매와 나는 가오리 화실을 가오장(可五莊), 우이동 솔밭에 있는 회사 겸 가정 겸 실연 상담소를 청년옥(青年屋)이라 부르며 기타를 들고 삼총사처럼 몰려다녔다.

나의 누이여, 나의 신부여

나하고 오윤처럼 혁명적이기만 하고 비현실적인 사람에게 출판사 같은 현실적인 업무를 전적으로 맡겨 놓으면 안 된다. 왜냐하면 행정이 얼마나 중요한지 쥐뿔도 모르기 때문이다.

"아, 그냥 적당히 하면 되잖아!"

매사가 이런 식이다.

그래서 누군가 중심을 잡아 주는 행정적이고 실천적인 사람이 필요하다. 그런 인물이 시인 최민이었다. 그는 인생을 달관하였음에도 불구하고 꼼꼼하고 실천적이었다. 최민은 미학과 출신으로 나의 문리대 4년 선배요, 오윤보다는 2년 연상이었다. 오윤은 미대 조소과 출신이다.

1976년 연말에 최민 형이 청년사 사무실을 구해 놓았다며 가 보자고 했다. 열심히 번역 아르바이트를 하여 이미 거금 10만 원의 보증금을 지불했고 괴목(槐木)으로 된 책상과 소파까지 사서 들여놓았단다.

종로구 내수동 길갓집 문간방에 이층을 올려놓은 목조 건물이었다. 비록 삐걱거리는 나무 층층대를 올라가야 했지만 생전 처음 가져 보는 엄연한 사무실이라 황감하기 이를 데 없었다. 턴키 베이스식*으로 나는 몸만 들어가면 되었다. 일단 집들이 겸 개업식 날짜를 말일로 잡고 장안에 소문을 내었다.

1976년 12월 말일 날, 비록 늦었지만 개업식을 조촐하게 치렀다. 온 사람은 몇 명 안 되었다. 오윤 남매와 최민, 박현수, 김정남, 염무웅, 유광언, 김성겸 정도가 아니었나 하는 생각이 난다. 막걸리와 시루떡을 먹었다.

최민 형에게 고마웠다. 형이 아니었다면 청년사는 계속 우이동 솔밭 근처에서 단칸방으로 헤맸을지도 모른다. 이젠 형도 죽고 솔밭도 사라졌는데 어디 가서 흔적을

* 턴키 베이스식 : 공장을 세세한 부분까지 꼼꼼하게 만들어 키(열쇠)만 돌리면 곧바로 작동시킬 수 있는 완벽한 상태로 인도하는 방식(turn-key method). 예를 들어 중동의 돈 많은 나라에서는 돈이 문제가 아니라 편의를 매우 중시하므로 이 방식을 선호한다. 나는 중동 부자도 아니고 돈도 없지만 워낙 덜렁쇠라 최민 선배가 세심한 부분까지 꼼꼼하게 챙겨 준 것이다.

찾을꼬!

내수동은 광화문 근처다. 여기다 사무실을 내자 많은 문인과 기자들이 드나들었다. 특히 새벽 근무를 끝낸 외신부 기자들이 와서 소파에서 자거나 바둑을 두다가 점심 때가 되면 삼삼오오 짝을 지어 낮술을 하러 나갔다. 분위기는 대강 그랬고.

청년사는 계속 좋은 책을 냈다. 『판초 빌라』, 우리나라의 민중 항쟁을 주 소재로 한 암태도 소작 쟁의 등 『한국논픽션선서』 3권, 히틀러의 독재에 항거하다 형장의 이슬로 사라진 본회퍼 목사의 전기 『죽음 앞에서』,* 이오덕 선생의 평론집 『이 아이들을 어찌할 것인가』 등.

* 『죽음 앞에서』 : 이 책은 원래 동아일보 해직 기자들이 만든 종각 번역실에서 제작해 청년사 이름만 빌린 것이다. 그러나 어느 정도 팔고 나서 청년사에게 판권을 무상으로 양도해 주었다. 청년사도 수고했다는 뜻이어서 나는 고맙게 받아들였다. 따라서 엄연히 이 책도 청년사 책으로 나는 자랑스럽게 생각했다.

또한 편집진도 최민, 오윤, 오숙희, 박현수, 정지창, 김태홍, 안종관, 조건영, 유홍준, 김창범, 이원방, 최욱, 최준석, 김성겸 등 앞으로 한국의 지식인 사회를 이끌어 갈 소장학자 또는 언론인들로 화려했다.

그러나 출판계에서는 전혀 주목을 받지 못했다. 잘 팔리는 책이 하나도 없었기 때문이다. 심기일전할 필요가 있었다.

나는 철학자 탈레스를 좋아했다. '철학의 아버지'라 좋아한 게 아니라 철학자도 마음만 먹으면 부자가 될 수 있다는 것을 보여 주었기 때문이다. 이런 전설이 있다.

탈레스는 무척 가난하게 살아서, 사람들은 탈레스는 물론 철학도 우습게 알았다. 철학자가 가난한 걸 보니 철학도 별 수 없다는 거였다. 그래서 아, 짜식들 한번 본때를 보여 줘야 되겠군! 하고 벼르다가, 어느 겨울 밤하늘의 별을 보니, 내년 날씨가 올리브가 대풍(大豐)이 들 날씨라. 그래서 있는 돈, 없는 돈 끌어다가 키오스섬*과 밀레토스시(市)**의 올리브유 짜는 모든 압착기(壓搾機)의 사용권을 얻어 냈다. 그 겨울에 아무도 탈레스와 경쟁해서 선불 내고 압착기를 빌릴 미친 인간이 없었으므로, 그는 아주 싼 값으로 기계를 빌릴 수 있었다.

아니나 다를까, 이듬해 올리브가 대풍이 들었고, 너도나도 앞다투어 압착기를 사용하려고 하였으므로 그는 큰돈을 벌었다. 그리하여 철학자는 마음만 먹으면 얼마든지 부자가 될 수 있지만, 그의 관심은 다른 데 있다는 것을 보여 주었다.

뭔가 일을 낼 듯 말 듯, 얼굴 자체가 탈레스처럼 비범하게 생겨서 나로 하여금 항상 기대를 하게 만들던 동양통신 장영섭 기자가 드디어 큰 건수를 물어 왔다. 지금 유럽에서는 루 살로메* 열풍인데 그녀의 전기를 출판하면 어떻

* 키오스섬 : 그리스에서 다섯 번째로 큰 섬. 거제도보다 두 배 반쯤 크다. 지금은 튀르키예 땅이 된 밀레토스시 바로 앞 바다에 있다.

** 밀레토스시 : 탈레스의 고향으로 키오스섬 바로 앞에 있다. 탈레스가 활동하던 기원전 6세기 당시에는 국제 대도시로 그리스 철학에서 아주 중요한 밀레토스 학파의 중심지.

* 루 살로메 : 독일의 여류 작가이자 정신분석학자. 본업보다는 니체, 릴케, 프로이트 등과 연애한 것으로 더 유명하다.

겠냐는 것이었다.

어떻겠긴 뭘 어떡혀? 빨리 내야지. 그래서 최대한 신속하게 원서를 구해 보라고 영섭이에게 부탁했다.

며칠 후 독일 특파원에게 부탁한 독일어 원서가 도착하자마자 김성겸 등 독문과 출신들이 달려들어 책을 쪼개어 급히 번역하였고 내가 살로메의 사진을 구해서 책 앞부분에 첨가했다.

제목은 시인 김창범이가 '나의 누이여, 나의 신부여'* 로 정했고, 표지 할 사람이 마땅치가 않았는데, 시(詩)보다는 미술 쪽에 일가견이 있는 최민 형이 표지를 맡았다. 오윤은 그런 하치않은 일에는 관심도 없고.

역시 최민 형은 능숙하고 노련했다. 굵은 아미(網)*를

* 나의 누이여, 나의 신부여 : 성경 아가서에서 따온 말로 개역한글판 성경 아가서 4장에는 이렇게 나온다. "나의 누이, 나의 신부야." 그런데 시인 김창범이 좀 더 시적으로, 운율에 맞게 '나의 누이여, 나의 신부여'로 고친 것이다.

* 아미 : 망점(網點). 그물코 모양의 점. 모든 인쇄된 그림은 이 망점으로 되어 있다.

써서 살로메의 얼굴을 아리까리하게 만들고, 보라색 배경을 써서 신비롭게 돋보이게 하는 동시에 주황빛 띠를 둘러, 책을 정리되고 완성된 예술품으로 만드는 귀신 같은 솜씨를 보여 주었다.

책은 불티나게 팔렸고 6개월 동안 베스트셀러 1위였다.

그런데 번역판에는 저작권이 없던 시절이라 금방 해적판이 따라 나왔다. 우리 책 본문을 토씨만 바꾸고 단어의 앞뒤 순서만 바꾸면서 베낀 것이었다. 예를 들어 '열정'을 '정열'로 바꾸는 식으로.

이런! 양심도 없지! 우리 책을 베껴서 해적판을 만든 사람은 놀랍게도 교사들의 연합체인 교련(敎聯)*의 간부였다. 나는 교육회관에 있는 교련 사무실로 쳐들어가 고함을 질렀다.

* 교련 : 대한교육연합회. 지금의 교총.

"당신 교육자야? 교육자가 이럴 수 있어?"

사무실 사람들이 근무하다 말고 다 쳐다보았다. 이때 교련에는 노현이 형*과 심채진 형*이 근무하고 있어서 복도까지 따라 나와서 나를 은근히 응원했다.

"하, 저 자식, 뻔뻔한 놈일세!"

내 딴에는 창피 좀 당해 보라고, 잘 먹고 잘살라고 교육자에게 악담을 퍼부었지만 그런다고 무슨 소용이 있나? 나 자신부터가 저작권이 없는걸!

빈털터리로 돌아온 나에게 최민 형이 매몰차게 물었다.

"따귀라도 갈겨 주었냐?"

"아니요."

"에이 병신… 그걸 확 갈겨 주지 그냥 와?"

그걸로 해프닝은 끝났다.

반년 동안 잘 벌어먹었고, 우리 같은 철학자도 마음만

* 노현이 형 : 김노현. 나의 유일한 팬 김도현의 형이다. 그러니까 나의 형의 형이다.

* 심채진 형 : 조선일보 해직 기자 출신, 조선투위의 심채진.

먹으면 얼마든지 부자가 될 수 있다는 것을 보여 주었으니 그걸로 족했다.

일하는 아이들

나는 살로메로 번 돈으로 몇 가지 중요한 책을 펴냈다. 그중 하나가 이오덕 선생의 일련의 책들이다. 살로메 이전부터 이오덕 선생의 책 『이 아이들을 어찌할 것인가?』를 찍었었다. 오윤은 처음으로 관심을 보였다. 표지 그림을 판화로 만들어 주었으니까.

게다가 살로메 이후 이오덕 선생이 농촌 아이들의 시와 산문을 보내오자 상당한 관심을 보였다. 이건 하치않은 일이 아닌 것이다!

그런데 아이들의 그림까지 오자 오윤은 아주 깊은 관심을 보였다. 오윤은 밤을 새워 아이들의 시와 산문에 아이들의 그림을 배치하며 킥킥 웃었다.

"윤수야, 이것 좀 보래이. 아아들이 축구 골대를 평면으로 그렸잖아. 이건 서양식이 아니고 한국식이데이! 보래이. 이건 서양식 원근법의 폐해를 입지 않은 순수한 아아들이래이."

"윤수야, 이것 좀 보래이. 나비 두 마리가 쫓아가고 쫓기는 장면을 보고 미술 한 장 달라고 쫓아가고 쫓기는 걸로 표현했데이. 얼마나 천재적이고 웃기냐?"

여기서 미술은 도화지를 말하는 거였다. 농촌에는 도화지가 귀해서 미술 시간에 도화지 없이 오는 아이들이 수두룩했다. 이때 아이들은 옆의 친구한테 "미술 한 장만 도!" 하는데 친구가 가만 있나? 자기도 귀한 미술을 누구한테 줘. 그래서 도망 다녔다.

어쨌든 아이들이 쓴 시는 『일하는 아이들』이라는 책이 되고, 아이들이 쓴 산문은 『우리도 크면 농부가 되겠지』라는 책이 되었다.

두 책은 많은 지식인에게 신선한 영향을 주었다. 아이들의 순박하고 간결한 글이 메마르고 복잡한 지식인들의 가슴을 울린 것이다. 유홍준은 나중에 유명해지고 나서 자신이 친필로 쓰고 그림을 그린 부채를 선물하는 취미가 있었는데, 나에게는 『일하는 아이들』에 나오는 〈아기 업기〉라는 동요를 쓴 부채를 선물했다.

〈아기 업기〉
아기를 업고

골목을 다니고 있다니까
아기가 잠이 들었다.
아기가 잠이 들고는
내 등때기에 업들었다.
그래서 나는 아기를
방에 재워 놓고 나니까
등때기가 없는 것 같다.

문경 김룡국민학교 6년 이후분 / 1972.5.

나에게는 이 두 책이 특별히 중요했다. 왜 그렇게 중요하냐 하면 내 필생의 작업과 관련이 있기 때문이다. 『일하는 아이들』은 어려서는 농촌에서 일하지만, 커서는 서울 변두리로 올라와 청소년 노동자가 된다. 이 청소년 노동자들의 생활을 기록한 것이 내가 편집 · 보완 · 출판한 『비바람 속에 피어난 꽃』이다. 그런데 가장 밑바닥 노동자였던 이들은 30여 년 후 외국인으로 교체된다. 이 외국인 노동자의 생활을 기록한 것이 내가 10년 동안 쓴 『오랑캐꽃이 핀다』이다. 그러니 이 일하는 아이들은 나의 필생의 친구로서 계속 나와 같이 산 셈이다.

나는 이름 없는, 소위 무명씨들의 생활을 기록하는 것이 인생의 키워드였는데, 그 시발점이 『일하는 아이들』이었다는 점을 고백한다.

하여간 그건 그렇고,

하루는 오윤이 갑자기 이오덕 선생이 근무하는 안동군 임동면 길산리에 있는 길산국민학교로 가자고 했다. 오윤은 신이 나 있었다. 아이들에게 자기 주특기인 요*를 만들어 주러 가는 것이다. 나는 청년사 사장이라 업무차 따라가는 것이지만, 신문기자 김태홍이나 대학 강사 박현수는 왜 따라와?

술이라도 한잔할 줄 알고 따라온 모양인데 어림없는 소리. 오윤이 벽돌을 쌓는 동안 김태홍과 박현수는 지루해서 몸을 비비 꼬았다. 관련 당사자인 나도 지루해서 미칠 지경이었는데 뭐!

오윤은 땅거미가 캄캄하게 질 때까지 요를 만들고 교

* 요(窯) : 도자기를 굽는 가마. 오윤은 아이들에게 도자기를 만들어 주고 싶었던 것이다.

문 밖으로 나왔다가 되돌아갔다를 반복하고는 뭔가가 아쉬운 듯 뒤를 돌아보고 또 돌아보며 안동역까지 나와서 바로 기차를 타고 밤에 올라와 버렸다. 그때는 안동역이란 노래도 없어서 낭만이 1도 없었다.

오윤한테는 재미를 구하면 안 된다. 자기가 눈독 들인 일에만 신경 쓰는 야차 같은 무자비한 인물이다.

물 위를 걷는 오윤

오윤은 군에 입대해서 훈련을 받던 도중 급성 복통으로 쓰러졌다. 악성 위궤양이어서 위(胃)를 3분지 2나 잘라내는 큰 수술을 받았다. 그래서 부산 육군병원에 환자로 누워 있었다.

그 병원에서 환자실 방장(房長)이었다. 얼마나 카리스마가 쎄었는지 부산 건달들도 그 앞에 가면 얼어붙거나 저절로 고개가 숙여졌다고 한다. 얼굴 자체가 무슨 일을 저지를지 모르게 너무나 무표정하게 생겼기 때문이다. 더구나 평소에 말이 없는 방장님께서 미소를 지으며 나직하게 한마디 하면 소름이 쪽 끼쳤다는 게 정설이다.

오윤은 얼굴이 쪼뭇하고 바싹 마른 얼굴에 몸이 가늘고 긴 데다가 특히 팔다리가 아주 길어서 흡사 무당거미 같은 인상을 주었다.

내가 보기에 오윤은 복싱에 최적화된 신체를 갖고 있었다. 복싱이란 게 뭔가? 적게 맞고 많이 때리는 거 아닌

가. 그런데 오윤은 상대방이 어딜 노려도 헛방일 가능성이 컸다. 얼굴이고 몸이고 다 가는 데다가 걸을 때고 달릴 때고 회초리같이 낭창낭창 휘청거려서 도무지 맞출 수가 없어요.

반면에 '화가의 눈'이 날카로운 데다가, 리치가 무지하게 길어서 주먹만 쭉 뻗어도 2미터 밖의 상대방 급소를 무자비하고 정확하게 타격할 가능성이 컸다. 그래서 무자비하게 보였나?

하지만 이런 무자비한 인물도 한 가지 약점이 있었다. 이거 나만 아는 비밀인데, "주칠이 형!" 하고 부르면 얼굴이 확 펴지며 무장을 완전히 해제했다. 그리고 내가 하자는 대로 했다.

주칠이는 양주칠(楊周七)로, 오윤과 내가 꾸며낸 상상 속 인물이며, 실제 인물 양주팔의 동생이다. 오윤이 가장 좋아하는 인물이 임꺽정의 스승인 함흥 고리백정 양주팔(楊周八)이다.

그는 젊을 때는 갖바치 선생으로 불리기도 했다. 왜 갖바치냐 하면 동소문 안에서 가죽신 만드는 일을 했기 때문이고, 왜 선생이냐 하면 높은 도덕과 학문을 갖춘 까닭에 당대의 정승인 조광조 등이 어려운 일이 있을 때마다 찾아가서 도움을 청하는 친구 겸 스승이었기 때문이다.

친구 조광조가 죽은 후에는 묘향산에 들어가 머리 깎고 중이 되었다. 법명이 병해(甁亥)여서 병해대사라고 불리었다.

늙어서는 죽산 칠장사에 들어앉아 생불 스님 대접을 받았다.

병해가 칠장사를 처음 찾아가니 중들이

"어디서 오시는 스님이신지?"

하고 물었다.

"나? 칠장사."

"아, 여기가 칠장사인데 무슨 말씀을 그리하십니까?"

하니

"내가 있겠다면 있는 거지, 무슨 잔말이 그리 많으냐?"

하며

"거기 꿇어앉아라!"

하니 모든 중들이 무슨 힘에 이끌렸는지 저도 모르게 달려와 무릎을 꿇었다는 일화가 있다.

그리고 왜 생불이냐 하면 앉아서 천 리 밖 일을 알기도 하지만 어려운 사람들 병을 곧잘 고쳐 주었기 때문이다. 당대의 권세가인 보우 선사도 그에게 곤두박질하듯 달려가 무릎 꿇고 절하였으며 '생불 스님'이라 한 것도 보우의 입에서 나온 말이다.

오윤이가 양주팔을 좋아하고 존경한 것은 높은 도덕과 학문도 있지만, 무엇보다 이분이 오윤이 좋아하는 신기한 도술을 잘하였기 때문이다. 오윤은 기독교인이 아님에도 불구하고, 예수의 모든 기적을 믿었다.

물 위를 걷는 오윤!
이게 상상이 되는가.
만일 상상이 된다면 여러분도 대단한 인물이다.

오윤은 나를 데리고 안성군 죽산면에 있는 칠장사를 방문하기도 했다. 칠장사에는 그가 사랑하는 주팔이 형, 즉 생불 스님을 깎은 목각 불상이 있다고 해서 갔는데, 실물을 보았는지는 기억도 안 난다. 나야 무식한 놈이니까 불상이 있든 없든 별 관심도 없었다. 그냥 주칠이 형과 댕기는 거면 족했다.

하여간 오윤은 양주팔의 동생인 양주칠이라고 추켜올리면 입이 쭉 찢어지며 좋아서 환장을 했다. 그래서 나는 "주칠이 형!" 하고 불러 가지고 내가 입고 다니던 곰털 잠바 즉 쌀장수 옷을 오윤에게도 입히는 데 성공했다. 그리하여 우리 둘은 자칭 '웅피 브러더스'라고 하고 다녔다.

이 웅피(熊皮) 브러더스는 미술계에서 횡포가 심했다. 화가들의 작품을 보고 비평을 하는데, 침묵을 할지언정 좋은 얘기는 별로 안 했기 때문이다.

나는 화가들에게 '백색의 공포'라는 게 있다는 것을 처음 알고 깜짝 놀랐다. 하얀 도화지 또는 캔버스를 뭘로 채울까? 이게 화가들에게는 공포라니! 나는 화가들은 도화지 채우는 것은 일도 아닌 줄 알았는데 그게 아니었다.

특히 스케치력(力)이 문제였다. 그것이 달리면 일단 겁부터 난다. 이 넓은 도화지를 뭘로 채울꼬? 거기서 화가들의 실력은 대략 판가름이 났다.

그나마 채우기 쉬운 것은 안 움직이는 물체 즉 정물(靜物)이다. 그러나 움직이는 물체, 즉 동물로 가면 실력 차이는 엄청났다.

더구나 행동하는 사람? 이건 애시당초 그리는 화가가 별로 없다. 생각하는 사람을 그리는 화가는 많아도 행동하는 사람을 그리는 화가는 어느 나라든 사실 많지 않다.

그런데 행동하는 사람을 집단으로 그려? 그건 더 어렵지! 거기다 그런 사람을 집단으로 모아 가지고 관찰력 너머 상상력의 세계로 끌고 올라가면서 그리는 화가는 정말 극소수다. 한 국가에 한 명만 있어도 대단한 거다. 나는 그 수준의 화가로는 한국에서 오윤이 유일하다고 생각했다.

종이는 좁고 그릴 것은 많으냐? 종이는 넓고 그릴 것은 적으냐? 이것이 문제로다! 화가들의 고민은 햄릿의 고민 못지않았다.

화가들이 공을 들여 작품을 만들고 전시회를 연다. 좋은 일이지. 여기에 오윤이 와서 격려와 칭찬을 해 주면 더 없이 좋겠지만, 혹시라도 저 친구가 어딘가 빈정거리는 말투로 악담 느낌의 평을 하면 어쩌지? 그래서 오는 것이 두렵기도 한 존재가 오윤이었다. 그러니 와도 안 좋고, 안 와도 안 좋은 악마 같은 놈이다!

그런데 나는 오윤과 똑같은 쌀장수 옷을 입고 전시회

에 나타났다. 웅피 브러더스니까. 더구나 오윤은 성을 빼면 '윤이'이고 나는 '윤수'여서 친형제라는 착각을 불러일으키기도 했다. 그러니 나도 별로 좋은 인상을 주지 못했을 테다. 악마의 동생, 즉 새끼 악마지!

오윤과 나는 자전거를 한 대씩 사서 타고 다녔다. 나는 진짜 쌀장수 자전거를 탔지만 오윤은 멋쟁이라 등이 휙 구부러지는 멋진 사이클을 타는 게 달랐다. 자전거를 타고 전국을 다니며 선조들이 남긴 미술품을 볼 계획이었는데 둘 다 체력이 약하여 그냥 버스 타고 다니기로 합의를 보았다.

우리 둘은 장차 큰돈을 벌어 보겠다고, 하도 깨진 도자기가 많아 길을 걸으면 바작바작 소리가 난다는 여주 이천으로 다니며, 도자기 만드는 작가들을 만나 은근히 실력을 떠 보기도 했다. 작가들은 우리 앞에서 폼도 잡고 우리 기를 죽이느라고 제법 잘된 도자기를 "이까짓 거!" 하며 마당에다 퍽 하고 던져서 깨뜨려 보이기도 했다.

그러나 우리는 자기네처럼 감상하는 도자기, 즉 보는

도자기를 만드는 게 아니라 생활 도자기, 즉 쓰는 도자기를 만드는 게 목표여서 그들과 겨룰 생각은 조금도 없었다.

우리는 성급하게 가마 이름과 상호부터 지었다. 오작요(吳作窯)라고! 오윤이 일찍 죽어서 모든 것이 물거품이 되었지만 웅피 브러더스의 꿈은 재벌 뺨치게 컸던 것이다.

오윤은 원래 왜 사는지에 대해 고민이 많았던 인물이다. 어느 가을, 달 밝은 밤, 우이천 가운데 있는 야트막한 너른 바위에 앉아 무심히 흘러가는 물을 바라보며 막걸리를 마시다가 오윤이 갑자기 물었다.

"윤수야, 너는 왜 사냐?"

솔직히 나는 왜 사는지도 모르는 무식한 놈이라 대답을 못 하고 끙끙거리니까 또 물었다.

"왜 사냐니까?"

그래도 낑낑거리며 대답을 못 하니까 그제야 체념한 듯 수그러들었다.

사실 나도 왜 사는지에 대해서 고민을 안 해 본 건 아닌데, 지금도 모르겠더라니까. 하여간 그날 나도 충격을 받아서 비록 표절(剽竊) 시이지만 육행시(六行詩)를 짓기도 했다. 이거 오늘 발표해도 되나 모르겠네.

우이천 달 밝은 밤에
너른 바위 둘이 앉아
막걸리 옆에 놓고
흐르는 물 바라볼 제
송곳 같은 주칠이 질문
나의 애를 끊나니

하여간 그는 온 세상의 고민을 다 끌어안고 사는 사람 같았다.

산체스네 아이들

인류학 전공, 대학 강사 박현수 형은 나보다 네 살 위로 문리대 선배다. 워낙 아는 게 많아서 여기저기 씨앗도 많이 뿌리고 열매도 많이 맺고, 나와 청년사도 그 덕을 많이 보았다. 농민, 노동자, 도시 빈민, 인디언에 관한 책은 모두 그의 덕으로 낸 책들이다.

인류학자 에릭 울프가 쓴 『농민』이란 책을 박현수 역으로 펴냈다. 물론 좋은 책이다. 그러나 같은 사람이 쓴 『20세기 농민전쟁』이란 책을 못 낸 건 아쉬웠다. 물론 유신 시대라 판금되고 잡혀갈까 봐 못 낸 건데 나의 책임이다.

박현수 추천으로 일본 책 『여공 20년 후』라는 책을 펴냈다. 그러나 그보다 20년 전에 발간된 『여공애사(女工哀史)』를 못 낸 것 역시 아쉬웠다. 전적으로 내 책임이다.

인류학자 오스카 루이스가 쓴 『산체스네 아이들』을 박

현수 역으로 펴냈다. 책은 이렇게 시작한다.

"나에게는 어린 시절이 없었다."

산체스 가(家)의 가장인 헤수스의 독백이다. 헤수스는 우리 말로 하면 '예수'다.

말하자면 이 책은 멕시코 시티 도시 빈민인 예수와 그 자식들의 인생사(life history)를 미국인 인류학자가 채록(採錄)한 집단 자서전이다. 이 책이 왜 중요하냐 하면 '가난한 사람들이 어떻게 사는지' 세계 최초로 밝혔기 때문이다.

이 책은 여러 대학에서 단체 주문을 하는 등 반응도 좋았다. 나도 오랜만에 가치 있는 책을 내어 만족스러웠다. 그러나 왜 우리에겐 이런 책이 없는지 의문이 들었다. 우리도 반드시 이런 가치 있는 책을 만들어야 한다! 오윤도 대찬성이었다.

오윤의 가오리 화실 근처 우이천변에 다닥다닥 붙은 바라크 건물이 많았고, 거기 다수의 노동자들이 살았다. 미장일 하는 전 씨, 막일하는 서 씨, 목공 김 씨 등등. 김 씨는 인민군 장교 출신으로 반공 포로였다. 이들의 구술을 받아 낼 전문가가 필요했다. 오윤은 적합하지 않았다. 노동자들과 너무 가까워 취재 대신 술을 먹었다. 아, 술 먹으면 안 되는데!

그래서 술도 진짜로 별로 못 먹는 사람이 필요했다. 그래서 적당한 인물로 찾아낸 것이 외교과 1년 선배인 소설가 김대식 형이다. 그는 미아리에서 살다가 이 일을 위해 아예 우이동으로 주거를 옮겼다.

그러나 술을 별로 못 먹는다고 아주 안 먹는 것은 아니었다. 오히려 술이 약해서 진도가 더 안 나갔다. 그리고 김대식은 공감 능력이 너무 뛰어나 오윤보다도 더 노동자들과 친해져 버렸다. 아, 친하면 안 되는데. 친하면 안 돼! 친하면 안 된다구!

작업에 진척이 없었다. 내가 보기엔 한국판 산체스네 아이들은 탄생할 가망이 없었다.

그래서 나는 일찍이 포기해 버렸다. 그런데 이때 기적이 일어났다. 야학을 하는 대학생들이 노동자들의 수기를 모아 온 것이다.

눈동자

기적을 이야기하기 전에 먼저, 당시 사회 분위기부터 말해야겠다.

나는 늘 의문이었다. '일하는 아이들'이 다 어디로 갔을까? 하고. 『우리도 크면 농부가 되겠지』라는 산문에서처럼 농촌에 남은 아이들도 더러 있지만 그들은 아주 소수였고 〈서울〉이라는 시에서처럼 대부분 서울로 올라와서 변두리 공장 지대로 흘러들었을 가능성이 컸다.

〈서울〉
나는 서울을 갔으면 좋겠다.
서울 가면 기술도 배우고
돈도 번다.
그런 데 가면 사람도 약아질 게다.

안동 대곡분교 2년 이승영 / 1969.11.1.

1978년인가 1979년 늦여름인데 나는 오윤의 집으로 질러가기 위해 우이동 느티나무가 있는 8번 종점 우리 집에서 우이천 좁은 뚝방길을 따라 쌍문동 쪽으로 내려갔다.

더우니까 요꼬*집에서 개울 쪽으로 난 모든 문과 창문을 열어 놓고 남녀 청소년 노동자들이 요꼬 일을 하는데, 손발로는 요꼬 일을 하면서 입으로는 라디오에서 흘러나오는 이승재의 〈눈동자〉를 목이 터져라 합창으로 부르고 있었다.

기막힌 광경이라 나도 모르게 멈춰 서서 개울 건너를 보는데 눈물이 저절로 쏟아졌다. "다시 돌아올 날 기약 없는 이별에 뜨거운 이슬 맺혔나. 고독이 밀리는 밤이 오면 가슴 속에 떠오르는 눈동자…" 그것은 노래가 아니고 절규였다. 얼마나 힘들면 저리 악을 쓸까.

처절했다. 정신을 가다듬고 겨우 걸어서 오윤네 집에 도착하여 그 이야기를 하니 오윤도 얼굴이 숙연해졌다.

* 요꼬 : 편물을 짜는 한 가지 방식. 당시는 가정집에다 요꼬 기계 몇 대 갖다 놓고 이걸 짰다.

나는 지금도 깜깜한 밤중에 작은 목소리로 이 노래를 부르면 눈물이 흘러나온다.

일하는 아이들은 본격적인 공장 지대뿐만 아니라 이렇게 우이동 변두리 가내 공장에도 흘러들어 와 있었다.

비바람 속에 피어난 꽃

1977년 말쯤 어떤 대학생이 전화를 해 왔다. 거기가 청년사가 맞냐고. 맞다고 했더니 찾아가도 되냐고 물어서 된다고 했더니 대학생들이 두 명인가 세 명이 왔다.

맨 앞에 선 얼굴이 핼쑥한 학생이 서울사대 역사교육과에 다닌다는 김융희였다. 야학에 다니는 노동자들의 글을 모아 왔는데 책으로 낼 수 있느냐는 거였다. 있다고 했더니 그제야 보따리를 풀었다.

그때 처음으로 노동자들의 글을 보았다. 원고지에 서투르게 쓴 글씨, 심지어 노트에 쓴 거도 있고 연필로 쓴 거도 있다. 흙냄새가 물씬 났다. 그리고 가슴이 쿵쿵 뛰었다. 속으로

"바로 이거야!"

하면서도 나는 물었다. 다른 출판사도 많은데 왜 청년사냐고 했더니 다른 데는 못 믿겠단다. 그러냐며 글을 찬찬히 보았다.

그러나 내용은 실망스러웠다. 이건 글짓기 시간에 쓴 어린애들 습작 수준이어서 책으로 낼 수 없었다. 시간이 걸려도 좋으니, 이런 거 말고 노동자들 수기나 일기를 모아 오라고 돌려보냈다.

그 후에도 김융희는 신림동 야학과 청년사 사이를 이렇게 왔다 갔다 했다. 글이 점점 모이면서 나는 두 가지 상반된 감정을 느꼈다. 이런 책은 꼭 내야 한다는 것 하나, 그리고 이 책 내면 나하고 출판사는 끝장난다는 것이 둘.

이 모순을 어떻게 해결하지?

하루는 내가 믿는 친구 안양로에게 노동자들의 글을 쭉 읽히고는 이렇게 물었다.

"야, 이 책 내면 나 망하는데 꼭 내야 하겠냐?"

나는 은근히 내지 말라는 대답을 기대했건만, 양로는 그리 만만한 인물이 아니었다. 그는 야속하게도

"니가 알아서 햐!"

요런 식으로 빠져나갔다.

나쁜 놈!

그다음부터는 이 책을 내는 것이 나의 운명이라고 생각했다. 한편 김융희는 어떻게 생각했을까?

40여 년 후 내가 외국인 노동자에 관한 보고서 『오랑캐 꽃이 핀다』 전집을 출판할 때, 1권부터 9권까지는 내가 쓴 거고, 마지막 10권이 동국대 철학과 홍윤기 박사의 해설이었다.

홍 박사가 그 해설을 쓰며 김융희 군과 주고받은 메일이 있다. 그 메일에서 김융희가 40여 년 전 『비바람 속에 피어난 꽃』 발간 당시의 상황을 진솔하게 밝혔다. 여기에 싣는다.

대학교 시절, 1970년대 힘든 이웃과 우리 사회를 위해 헌신하는 대학생 동료들과, 눈물 나게 고생하면서도 맑고 착하고 사람을 믿으며 사는 노동자 야학 학생들의 공동체인 겨레터야학(학장 홍윤기 선생)에 함께할 수 있음은 인생의 큰 행운이었다.

작문 수업을 하던 1978년 이오덕 선생님의 『일하는 아이들』 책을 접하고 감동받아, 안동에 계신 이오덕 선생님을 찾아뵈었다. 버스에서 내려서 10리 이상 더 걸어가야 했던 깊은 산속에 학교와 사옥이 있었다.

손수 기른 야채와 세파 쌈으로 저녁을 먹고, 겨레

터야학에서 당시 펜과 타자기, 잉크와 롤러로 필사하는 등사기로 만든 '야학과 작문 수업', 작문 수업 보급을 위한 프린트물과 '학생 문집'을 보여드리니 크게 기뻐하셨다. 농촌의 '일하는 아이들'이 청소년이 되어 이농해 도시로 가서 사는 모습이라고 하시며, 그들의 글을 모아 보라고 간곡하게 말씀하시며, 청년사 한윤수 사장을 소개해 주셨다.

돌아오면서, 지금도 뇌리에 생생한 것은 '깊은 산속 맑디맑은 시냇물' 같은 그분 모습! 그런 귀한 분과 만남의 행복한 시간을 평생 잊을 수 없다.

서울 청년사 한윤수 사장님은 책을 내실 계획을 세우시고, 글을 모으라고 하셨다.

이미 1977년부터 겨레터야학 강학들이 지인들을 통해 주변 야학에서 글을 모았었고, 방학이 되면 각자의 고향 지역에 내려가 글을 모았다. 1978년에는 지인들을 통해 전국 수백 개 야학을 파악하여, '겨레터야학 문집'과 '야학과 작문 수업' 등을 보내며 글을 모았다.

이때 1970년대 중반 이태복 님, 유상덕 님 등이 조사한 서울 · 수도권 야학 자료가 큰 도움이 되었고, 유동우 님도 노동자 야학 글들을 적극적으로 모아 주셨다.

또 주재석 선생 등과 야학협의회를 만들어, 야학 잡지와 야학 문집을 만들면서 글을 모았다. 그리고 무엇보다 주변 몇 개 야학 졸업생들과 함께 봉천동에서 고등 야학을 하면서, 모두의 일기들을 서로서로 돌려 보면서 학생들의 일기들도 모을 수 있었다.

전국에서 모은 문집, 글들을 묶었을 때 50cm 정도 높이의 여섯 뭉텅이 정도가 되었는데, '타이밍' 먹고 하는 오랜 철야 생활로 탈진하고 병들어 쫓겨나는 청년 노동자, 부모 병원비와 동생 중학교 학비 때문에 우는 누이, 공장 반장 등에게 폭행당하고 우는 청소년 노동자들, 성적인 피해를 받으면서 견뎌야 하는 여공들의 눈물, 눈물로 호소하고 온몸으로 항의하고 내동댕이쳐지는 노동 운동 노동자들… 그 눈물들로 한강이 흘러넘치리라는 생각이 들었고, 늦은 밤 읽을 때마다 많이 울었다.

1979년 7월경인가 전국에서 모인 원고들을 선별

하여 출판사에 가져가니, "이 시대 우리 민족의(민중의?) 육성이다. 해방 후 최고의 책이 될 수 있다"고 한윤수 사장이 뛸 듯이 기뻐하셨다.

그동안 두 차례 정도 원고들을 모아 갖고 갔으나, 한윤수 사장은 부족함을 지적하시고 격려와 편달을 해 주셨는데 이제는 합격 판정을 받은 것이다.

1980년 초 드디어 한윤수 사장이 책을 편집 · 보완 · 출판하셨고, 책을 위해 많은 것을 버리셨고, 모든 위험과 닥쳐온 많은 어려움을 감수하셨다. 그 와중에도 필자들을 보살펴 주셨고 나도 보호해 주셨다. 그리고 '비바람 속에 피어난 꽃' 제목은 이오덕 선생님이 정하셨다고 하셨다.

그런데, 글 모으는 작업이 끝난 그 후, 왜 그런지 모르겠는데, 큰 허무감, 허망함이 몰려왔다. 세상, 인간 생활 모두 허무했고, 눈에 들어오지 않았다. 생활에 의미 부여가 안 되었고, 그야말로 아무 생각 없이 한 2개월 지내다가 군대 갔다.

그래서 그 시절 일은 아무런 기억도 없다. 그때 한윤수 사장, 겨레터 사람들이나 야학연합회 사람들이 여러 가지 작업이나 마무리 일로 고생을 많이 했을 것으로 추측만 할 뿐이다.

『비바람 속에 피어난 꽃』은 이제 막 탄생하려고 태동을 시작하고 있었다.

독장수 구구

그런데 이 책, 『비바람 속에 피어난 꽃』은 무슨 이상한 저주라도 걸린 듯이, 찍으려고만 하면 무슨 큰일이 터졌다. 먼저 10.26이 터져서 박정희가 죽었다. 그다음에 12.12가 터져서 전두환 등 신군부가 정권을 잡았다. 하여간 앞으로 누가 죽고 누가 정권을 잡을지 모를 일이었다.

그래서 어떻게 되더라도 무조건 내기로 했다. 디데이를 1980년 초로 잡았다. 그런데 그 출판 시기가 묘하게도 '서울의 봄'과 겹칠 줄 나는 전혀 모르고 있었다.

그럼 몇 부나 찍을까? 책 내면 판매 금지가 될 게 뻔해서 왕창 찍어서 확 뿌리기로 했다. 2만 부를 찍기로 했다. 나의 계산은 아주 단순한 것이었다. 그 당시 교회청년회가 센 교회가 200개. 100권씩 팔면 2만 부. 2만 부 곱하기 정가 1500원 하니 3000만 원. 아파트가 세 채네, 세 채! 간단하구먼. 그러나 이것은 앞으로 내가 하게 될 수많은 독장수 구구의 시작에 불과했다.

독장수 구구란 이런 것이다. 옛날에 독장수로 처음 나선 사내가 있었다. 큰 항아리 작은 항아리를 지게에 잔뜩 지고 시장으로 갈까 하다가 너무 사람이 많으면 쑥스러울 것 같아, 사람이 별로 안 다니는 산길에다 지게를 받쳐 놓고 있자니 잠이 솔솔 온다.

꼬박꼬박 졸면서 상상의 날개를 폈다. 만 원짜리 독을 2만 원에 팔고, 2만 원짜리를 4만 원에 팔고, 4만 원짜리를 8만 원에 팔고, 팔고, 팔고 하다 보니 문득 1억이 넘고 10억이 넘었다.

그래 10억이 생기면 뭐를 하지? 우선 고래등 같은 집을 한 채 짓고, 그리고 뭐니뭐니 해도 부자라면 첩이 하나쯤 있어야지. 암! 이쁜 첩을 하나 둬야지. 그렇지만 마누라하고 첩이 싸우면 어떡하지? 그럴 때는 이년들을 그냥 팍! 하고 발로 차는 시늉을 하다가 지게 다리를 차는 바람에 독이 와르르 무너져 다 깨져 버렸다는 얘기다. 내가 바로 그 독장수였다.

그런데 진짜 문제는 2만 부를 찍을 걸 합수부*에서도 미리 다 알고 있었다는 점이다. 2만 부를 찍으려면 거금이 들어가는데, 이 돈이 어디서 나오지? 그들은 의심했다. 혹시 간첩? 과거 청년사에서 근무하다 입시 준비 때문에 퇴사한 김정환 군을 불러다 조사했다니까. 정환이는 『나의 누이여, 나의 신부여』를 팔아서 번 돈이라고 사실대로 진술했단다. 그렇다면 오히려 잘된 일이지! 불온 자금이 아니라는 게 밝혀졌으니까.

인쇄할 때도 합수부에서는 몇 부를 인쇄하는지 알았고, 제본을 시작하기도 전에 정확한 제본 부수까지 알고 있었다. 제본소 사장이 걱정스러운 듯 전화해 주었으니까.

그렇다면 더 미룰 수 없었다. 제본하자마자 서점 판매용 몇 부만 남겨놓고 대학생들이 빌려 온 트럭에다 다 때려 실었다. 대학생들은 서울 시내 교회에다 확 뿌린다고 했다. 나는 영화 〈셰인〉의 라스트 신처럼 그들이 말 즉 트럭을 타고 떠나는 것까지만 보았다. 그 후 그들을 보지 못했다.

* 합수부 : 계엄사령부 휘하의 합동수사본부.

수금은 1원도 되지 않았다. 마침 5.18이 터져서 다 튀었으니까. 수금한 애들이 다 수배 중인 대학생들이어서 도피 자금으로 썼다는데 내가 뭐라고 하겠나. 잘했다고 해야지!

또한 발간 즉시 합수부에서 판매금지 명령을 내려서 서점 판매도 여의치 않았다. 더구나 나 역시 도피 중이었다.

그리하여 사업은 망했고, 전두환이 완전히 정권을 잡고 나서 세상이 잠잠해진 가을 무렵, 스물세 명의 노동자 필자들에게 정식으로* 2만 부에 대한 인세를 지불하고 나니 아무것도 남지 않았다. 출판사 사무실은 물론 우이동 108평 살던 집마저 날렸으니까.

비바람으로 나는 완전히 망했다. 인생도 망하고 사업도 망하고.

* 정식으로 : 요새는 팔리는 부수만큼만 인세를 주는 출판사도 있는 모양이다. 그러나 나는 정식으로 발행한 책 부수대로 2만 부에 대한 인세를 지급했다.

그러나 돌이켜보면 『나의 누이여, 나의 신부여』라는 책으로 집을 샀다가 그 집이 『비바람 속에 피어난 꽃』이란 책으로 사라진 것뿐이다.

책이 집이 되었다가 집이 다시 책이 되어 사라지는 과정이 재밌다고 생각했다.

양어장의 꿈

1980년 『비바람 속에 피어난 꽃』으로 완전히 망하고 농촌에 들어가는 1984년까지 내가 한 일은 세 가지였다.

첫째가 여기저기 사기업(私企業) 다니기.

나는 무슨 건설 회사도 다녀 보고 보일러 회사도 다녀 보고 여러 가지 일을 해 보았다. 그러나 길들이지 아니한 생마 같은 나와는 전혀 맞지 않아서 금방 그만두었다. 주택공사 같은 공기업(公企業)도 맞지 않아서 그만둔 내가 사기업을 어떻게 다니겠는가.

둘째가 서성수 형 기다리기.

5.17 군사 쿠데타 이후 내가 아는 친구 및 선후배는 거의 다 실업자가 되었다. 그러나 서성수 형은 은행 지점장으로 우리 중에서 유일하게 버젓한 직업을 가진 직장인으로 남아 있었다. 살기는 저 멀리 안양에 살고 근무는 광화문 등에서 했지만, 토요일 오전 근무 후 정기적으로 우이

동을 방문했다.

당시 우이동에는 성수 형을 기다리는 인간들이 너무 많아서다. 쫓겨난 기자, 쫓겨난 교수, 쫓겨난 강사 등등. 우리는 장에 간 오빠 기다리듯 그를 기다렸다. 그는 2홉짜리 소주 몇 병에다 삼겹살 몇 근을 사 오곤 했다. 우리는 이걸 가지고 북한산 골짜기에 가서 구워 먹었다.

세 번째가 공상인데 이게 사람 죽이는 거였다. 누가 그랬다. 시골 가서 양어장 하면 떼돈을 번다고. 무허가 낚시터를 해도 되고, 그게 싫으면 고기를 길러도 되고, 그게 싫으면 흙으로 메꿔서 농사를 지어도 된다고. 1석 3조였다.

그래서 여기저기 친구들에게 돈을 빌리는 등 무리를 해서 누가 버리다시피 한 경기도 고양군 신도읍 오금리의 둠벙,* 즉 양어장을 산 것이다.

그러나 이것이 앞으로 벌어질 23년 비극의 서막이 될 줄은 꿈에도 몰랐다.

* 둠벙 : 웅덩이의 충청도 방언.

인민배우

둠벙을 사서 농촌에 들어가 산 지 1년쯤 되었을 때다.

남북적십자회담의 일환으로 이산가족이 처음으로 만난다는 기사가 신문에 났다. 이른바 1985년도에 있었던 1차 상봉이다.

아내가 둠벙 즉 양어장에서 울면서 올라왔다. 청주 당숙한테서 지금 막 전화를 받았는데, 월북한 자기 아버지가 살아 있고, 이북에서 유명한 인민배우가 되어서 지금 평양에서 판문점 쪽으로 내려오고 있단다.

"근데, 왜 울어?"

"저는 만나는 사람 명단에 없대요. 아버지가 잊어버렸나 봐요."

잊어버리긴 누가 잊어버려? 자기 딸 이름을 백성 민(民), 기쁠 희(喜), '백성을 기쁘게 하라!'로 지어 주고 들입다 북으로 튄 게 누군데? 다만 아버지도 자기 딸의 성이 어떻게 변했을지를 몰랐을 것이다. 그러나 그 난리통에도 성은 김씨, 그대로 똑같았다. 장모가 공교롭게도 연극 배우 김 씨와 생이별하고 나서, 이북에서 내려온 반공 청년 김 씨와 재혼했으니까. 우리나라에 김 씨가 파지 않은 우물이 없다더니, 김 씨가 이렇게 많아요!

장인은 조실부모하고 숙부 밑에서 자랐다. 그래서 지금 생존한 사람으로는 어린 시절 같은 집에서 자란 사촌 동생이 가장 가까운 친척이다. 그 사촌 동생이 아내에게 전화한 '청주 당숙'이다.

장인은 지방 극단의 배우로 〈낙랑공주와 호동왕자〉 같은 연극에서 주인공 호동왕자를 맡아서 청주극장 등에서 공연했다. 서울의 중앙극장에서도 공연한 적이 있다. 이때 따라 다니던 여학생 중에 발레를 하던 여학생과 결혼했다. 처가의 온갖 반대를 무릅쓰고! 그 여학생이 바로 장모인데 당시 청주에서 제일 큰 여관집 딸이었다.

장인은 처남인 장모의 남동생과 친해서 죽이 맞았고, 둘 다 본인의 의사와는 무관하게 보도연맹*에 가입되어 있었다. 이때 청주 같은 지방 극단의 배우들은 거진 다 보도연맹에 들어 있었다.

한국전쟁이 일어나기 직전까지 처남과 함께 대전인가 어느 형무소에 갇혀 있었다는데, 처가에서 돈을 써서 두 사람을 빼내 왔다. 안 그랬으면 죽었지!

인천상륙작전이 시작되자 북행길이 막힌다는 소문이 파다했다. 장인은 처남과 함께 서둘러 길 떠날 차비를 했다. 처남은 밖에서 서성거리는데, 그는 룩색을 멘 채 나갔

* 보도연맹 : 좌익 인사들을 통제하기 위해 정부가 만든 어용 단체. 전국적으로 총 30만 명 이상을 강제로 가입시켰다. 지역마다 할당량이 있어서 좌익 인사뿐 아니라 농민이나 학생을 억지로 가입시킨 경우도 상당히 있다. 내가 어린 시절 살았던 마산의 경우, 보안법 위반 혐의로 무기정학 이상 처분을 받은 마산중학, 마산여중, 마산상고 학생 300여 명을, 보도연맹 마산지부장, 경찰서장 그리고 세 학교의 교감 선생들이 연석 회의를 하여 강제로 가입시켰다. 그런데 한국전쟁이 나자 마산에서 보도연맹원 1500명 이상을 학살하는데, 이 아이들까지 포함시켜 죽이는 바람에 학부형들이 피눈물을 흘렸고 그로부터 10년도 채 안 된 시점에 일어난 3.15 마산 시위가 그만큼 격렬했던 것이다.

다가 다시 들어와 두 살짜리 딸을 보고

"아버지, 금방 갔다 올게!"

하고 떠났다. 근데 그 금방이 35년의 세월이 되어 흐른 것이다.

내가 할 일은 당신 딸 이름이 계속 그대로 김민희이고, 아버지를 간절히 만나고 싶어 한다는 사연을 전하는 것뿐이었다. 중앙일보 문창극 기자에게 연락하여 판문점에 도착하는 순간부터 메모를 전하든지 귀띔을 해 달라고 부탁했다. 창극아, 고맙다.

북한의 인민배우 김세영이가 핏덩이로 버리고 간 두 살짜리 딸과 35년 만에 재회한 것은 드라마틱하고 애절한 사연이어서, 장안의 화젯거리였고 웬만한 신문에 다 났다. 사흘 후 장인은 코스모스가 핀 통일로를 따라 북으로 돌아갔다.

아버지와 또 생이별한 아내는 며칠을 앓아누웠고 그다음 정보과 형사들이 우리 가족의 동향을 살피러 자주 찾아오는 게 변화라면 변화였다.

누가 오거나 말거나 나는 양어장에서 일만 하면서도 사실은 여러 가지 점에서 은근히 기분이 좋았다.

그렇다고 촌놈 겁주는 식으로 우리 장인이 이북에서 유명한 인민배우요! 내가 이런 희떠운 자랑이나 하는 시러베아들 놈은 아니지마는, 아, 사람이 남이나 북이나 어딜 가서라도 남한테 찍자나 붙고 뒷담화나 까고, 일도 못하는 게 어기적거리면서 개기는 놈보다는 나름대로 열심히 근무하고 노력해서 인민배우까지 되는 것이 안 되는 것보다야 낫고, 남들 보기에도 좋지 않냐는 의미에서의 자랑이라면 나는 얼마든지 자랑을 하고 싶었던 것이다.

그냥 남에서나 북에서나 이름 없는 단역 배우*로 살다가 죽는 사람이 오죽 많으냐. 그래도 독하게 노력해서 돈

* 이름 없는 단역 배우 : 나의 장인 김세영 역시 북한에 가서 이름 없는 단역 배우 생활을 하며 오랫동안 고생하다가, 40대 후반에야 찰리 채플린을 닮은 듯한 자신의 용모와 희극적 장기를 재발견하고 희극으로 방향을 틀면서 비로소 북한 인민들의 사랑을 받는 명배우가 된다. 대표작은 〈우리집 문제〉(1973). 이 영화는 인기 폭발이어서 우리 옆집, 웃집, 아랫집, 누이집, 큰집, 사돈집, 작은집, 삼촌집 등으로 제목을 바꿔가며 속편이 11편까지 나왔다.

도 벌고 출세도 하고 까짓거 인민배우도 되고 이러는 게 낫지!

그리고 비록 외조부이지만, 우리 자식들에게 한씨 가문에 없던 딴따라 피가 흐르고 있다는 것을 확인했으니, 아들의 자식이나 손자 중에 기타라도 뚱땅거리고 치는 애가 나오면 더욱 좋지 않겠느냐, 그런 생각도 들었던 것이다.

나는 피아노나 바이올린보다 기타 소리를 좋아했다. 뭔가 애절하고 슬프기 때문이다. 그래서 배우고 싶었다. 그런데 배울 여건도 안 되고 재주도 없었다.

내가 과거 대학생 시절에 구연철이하고 같이 기타를 배워 보겠다고 기타를 사 들고 완행열차를 타고 고향 청주에 내려가다 술 취한 승객들이 그거 한번 쳐 보라는데 둘 다 전혀 못 쳐서 얼마나 망신을 당했는지 이루 다 말할 수가 없다.

기차는 왜 그리 느리고, 정차하는 역은 왜 그리 많은지! 조치원역에 도착할 때까지

"그럼 왜 기타를 들고 댕기는겨? 폼 잡을라구? 아서 아서!"

이런 식으로 게걸게걸하는 악마 같은 충청도 놈들한테 얼마나 시달렸는데! 지긋지긋하다.

더구나 그 기타는 청주에 도착하는 즉시 파괴되었다. 무자비한 연철이 아버지가

"하라는 공부는 안 하고 무슨 기타여?"

하고 뽀개 버렸기 때문이다. 내가 얼마나 기타에 원한이 맺혔으면 〈자니 기타〉라는 노래를 매일 밤 부르겠는가.

그런데 만일 기타 치는 손녀딸이라도 나오면 거기에 대한 복수가 되지 않겠느냐! 그런 생각을 했던 것이다. 암만, 복수가 되고 말고!

그리고 무엇보다도 고2 때 내가 배구 코트를 나올 때 작은 새가 당돌하게 나한테 악수를 청했을 때, 재가 무슨 용기로, 저런 눈이 헤까닥 뒤집힌 행동을 할까 의아했는데, 역시 예술가의 피가 흘러서 그랬구나 하는 생각이 들어서 기분이 좋았다. 혁명가의 아내가 최소한 예술가의

피 정도는 흘러야지! 그냥 평범한 일반 피가 흐르는 건 나도 정말 싫었던 것이다.

오윤의 죽음

우이동을 떠나기 전

내가 청년사를 팔겠다고 했을 때 오윤은 한 마디로 조져 버렸다.

"청년사가 니 꺼가?"

맞는 말이다.

청년사는 공동의 재산이었다.

사무실은 최민이 마련한 거고

그림은 오윤, 오숙희가 그린 거고

표지는 유홍준, 최민이 만든 거고

편집은 안승원, 김영화, 김정환이 한 거고

책 선정은 이오덕, 박현수, 장영섭, 김융희가 한 거고

번역은 최준석, 김성겸, 이길진, 구연철, 설순봉이 한 거고

책 제목은 김창범이 정한 거고

이오덕 선생께도 인세를 5프로밖에 안 드렸고

자문은 안종관, 정지창, 조건영, 이원방, 최욱, 안양로가 한 거고

분위기는 김태홍이 잡은 거였다.

청년사는 전부 다의 것이었다.

그러니 내 것이 아니지.

나는 청년사를, 평소에 출판사를 하고 싶어 하던 후배 정성현에게 물려주었다. 니가 운영하다가 싫증이 나면 또 물려주라는 조건으로. 오윤은 비로소 흡족해했다.

출판사는 그렇고,

정작 문제는 오윤의 건강이었다.

그 당시 이혼하고 혼자였는데 나마저 우이동을 떠났다. 누나 오숙희가 같은 동네에 있으나 일일이 다 챙겨 줄 수는 없는 노릇이었다.

그때 나타난 여자가 이애주다. 이애주는 춤꾼으로 오윤에게 영감을 주는 여자였다. 오윤의 많은 그림이 역동적인 춤을 표현하고 있는데, 이애주가 춤을 추고 오윤이

그림으로 그리는 그런 과정으로 만들어진 거였다.

하루는 오윤과 이애주가 내가 사는 오금리로 찾아온 적이 있다. 둘 다 커플룩처럼 청바지를 입고 있었다. 둘 다 표정이 밝아서 같이 살겠구나 하는 생각이 들었다. 우리 동네 근처에 초가집을 하나 얻어 주었다. 오윤은 거기서 둘이 살겠다며 전원생활의 꿈으로 부풀었다.

그리고선 소식이 끊겼는데 들리는 소문에 의하면 오윤은 채희완, 이애주 등 무용가들과 어울려 다니는데, 미친 듯이 술을 마시면서 두 무용가에게 춤을 추라고 해 놓고 그 동작들을 보며 작품을 만들고 또 전시회를 열고 쏘다닌다는 것이었다.

내가 옆에 있었으면 그까짓 작품 좀 늦게 만들면 어떠냐! 내가 지랄지랄하며 잔소리 좀 했을 텐데, 내가 죽일 놈이지! 나도 먹고 사느라 형한테 못 가 본 게 한이다. 하긴 지금 생각해 보면 자기가 죽을 걸 미리 알고 무리를 해서 작품에 매진한 거 같기도 하다.

하루는 오윤이 불쑥 무호도(舞虎圖)라는 판화 한 점을 들고 오금리 숲속의 우리 집에 왔다. 얼굴이 부어 있었다.

이건 간 경화다! 우리 매형도 이걸로 죽었는데!

그는 대구에서 전시회를 열겠다고 말했다.

나는 실성한 놈처럼 시벌거렸다.

“안 돼, 형! 그러다 죽어!”

오윤이 앞짧은소리를 했다. 신륵사 주지 스님한테 상묵이*를 부탁했다나 뭐라나.

그게 나하고 마지막 만남이었다.

일주일 후 개울에서 물을 끌어올리는 파이프를 고치고 있는데 멀리서 김대식이 터덜터덜 걸어왔다. 나는 올 게 왔구나 하는 것을 느꼈다. 대식이 말했다.

“오윤이 죽었어.”

하늘이 무너졌다.

나는 오윤이 내 인생의 반이 아니라 전부였다. 나는 그 다음부터는 내 정신으로 산 게 아니다. 허깨비처럼 살았

* 상묵이 : 오윤의 장남인 오상묵.

다. 늘 미소 짓는 오윤이 내 곁에 있고, 나는 오윤이 끄덕이는 대로, 하자는 대로 했다. 나는 39년이 지난 지금도 오윤만 생각하면 그냥 눈물이 흘러내린다. 이 글을 쓰면서도 나는 울고 있다.

마이너스의 손

나는 내가 경영을 잘하는 줄 알았다. 심지어 오윤도 그렇게 생각했다. 청년사는 그럭저럭 경영할 줄 알았으니까. 하지만 그건 여러 형들이 나를 둘러싸고 음으로 양으로 도와주고 있을 때 얘기였다.

사실 나는 경영을 드럽게 못했다.

오윤도 죽고
최민도 프랑스로 떠나고
박현수도 대구로 떠나고
정지창도 부산으로 떠나고
김태홍도 광주로 떠나고
안종관도 중국으로 떠난 후의

나는 평균 이하의 일반 남자였다.

낚시터도 해 보고, 가물치도 키워 보고, 농사도 지어 보았지만 다 실패했다. 나는 진정한 의미에서 '마이너스의 손'이었다.

먼저 낚시터.

내가 오금리에 처음 가니 그 둠벙은 낚시터로 쓰고 있었다. 무허가 낚시터. 근데 공짜 손님이 한둘이 아니었다. 무허가라 공무원들은 무조건 공짜였다. 공무원들은 자기만 와서 낚시를 하지 않았다. 친구도 데려오고 가족도 데려왔다. 아이들이 천진난만하게 뛰어놀았다. 이게 낚시터인지 놀이터인지 분간이 가지 않았다.

문자 그대로 아이들을 물가에 풀어놓은 셈이어서 가슴이 조마조마했다.

그냥 놀고먹는 게 나을 뻔했다.

그래서 정식으로 허가를 내기로 했다. 수면이 천 평이라야 정식 허가가 났다. 그런데 좀 모자랐다. 그래서 뚝이 넘치도록 물을 아슬아슬하게 찰랑찰랑 채워 가지고

"봐! 천 평 맞지?"

요런 식으로 허가를 냈다.

한동안 잘되었다. 그러나 잘된다고 소문이 나자 시기 질투가 들어갔는지 누가 한밤중에 카바이트 덩어리를 던졌다. 카바이트는 물과 만나면 유독 가스를 발생한다. 잉어와 붕어들이 가스를 먹고 물 위에 둥둥 떴다. 낚시객들이 항의를 하고 난리도 아니었다.

그래서 회원제 낚시터로 바꾸었다. 너무 매너 있는 낚시객으로 엄선하다 보니 회원이 몇 명 안 되었다. 깨끗해서 좋았다. 하지만 수입이 너무 적어서 이게 영업인지 신선놀음인지 헷갈릴 정도였다.

그냥 놀고먹는 게 나을 뻔했다.

7년 만에 낚시터를 접었다.

이번에는 양어장으로 바꾸어 가물치를 기르기로 했다. 왜냐하면 양옆으로 산인데 여기서 개구리가 엄청 많이 내려와 물에서 놀았기 때문이다. 가물치가 개구리 좋아하니까 개구리 잡아먹으면 먹이를 안 줘도 될 거 같았다. 그런데 그것만 가지고 안 된다네.

냉동 창고를 지어 놓고 얼은 정어리를 사다 쟁여 놓고는 이놈을 분쇄기로 갈아서 먹였다. 어휴, 돈이 얼마야?

이때 친구 부인이 내가 가물치 기르는 걸 보고 과연 저게 될까? 의아해서 집에 가서 자료를 찾아보니, 가물치는 수온이 20도가 넘어야 푹푹 자라는데 한수 이북에서는 그런 날이 며칠 안 되더란다. 그래서 오금리에서 가물치 기르는 건 실패할 거라고 예언했단다. 그런데 나만 몰랐지!

3년 만에 망했다.

그래서 농사를 짓기로 했다. 그런데 내가 이래 봬도 대전, 마산, 청주, 서울 등 4대 도시에서만 살아온, 완전 도시 출신인데, 농사를 지으면 얼마나 짓겠는가? 기껏해야 100평이지.

더구나 밭에서 김을 매고 있으면, 어릴 적 뛰놀던 마산 앞바다가 떠오르면서 나는 바다에 가서 밀수나 해적질을 해야 맞는데! 하는 생각이 파도처럼 밀려오곤 했다. 그러니 무슨 농사가 되겠나?

그냥 놀고먹는 게 나을 뻔했다.

빚쟁이

원래 오금리에 양어장을 살 때부터 내 돈도 별로 없이 친구들 집을 저당 잡혀 샀으므로 원래 있던 부채에 이자가 붙어 겁나게 불어났다. 다행히도 새마을금고에도 농협에도 도처에 친구가 있어서 파산만은 면하고 있었다.

빚이 늘어나는 과정은 이렇다. 내가 새마을금고에서 1억을 빌려 온다. 그런데 이자를 갚을 돈이 없다. 이자는커녕 생활비도 없는데! 이자를 못 갚으니까 새마을금고에서 독촉을 한다.

그래도 안 되니까 이번에는 담보의 가치를 늘려 잡고 2억을 빌려준다. 그런데 얼마 못 가서 또 생활비도 없고 이자를 못 갚으니까 이번에는 담보의 가치를 더 늘려 잡고 3억을 빌려준다. 이런 식으로 빚이 늘어 가는데 금방 10억이 되어 버린다.

일부 직원들의 불평과 반발이 있지만 나의 친애하는 친구 김정길 이사장이 불경스러운 직원들의 입을 막아 버린다.

"임마, 우리가 누구 때문에 먹고사는 줄 알아? 그 집이 이자를 내 줘서, 그 집 때문에 먹고사는 거야, 그 집!"

단위 농협도 마찬가지다. 친구 아들이 과장으로 있어서 차압을 하지는 않았다. 그렇지만 그렇게 봐주다 보니 빚은 오히려 계속 늘어났다.

이런 식으로 11년이 흘러갔다.

무언가 빚의 악순환을 끊어 버릴 획기적인 기획이 필요했다. 그게 고부일기 시리즈였다.

고부일기 시리즈

아무래도 내가 잘하는 분야는 출판이었다. 그래서 '형제'라는 출판사를 차렸다.

문소(文學少女)였던 아내는 글을 제법 잘 썼다. 전국 주부 백일장에서 장원으로 뽑힌 적도 있고, ≪한국일보≫ 장명수 칼럼에도 여러 번 아내의 글이 인용되었다.

아내는 빨간 하드바운드 표지의 낡고 두꺼운 공책을 갖고 있었다. 겉장에는 '나의 고부일기'라고 쓰여 있었다. 이것을 확대 재편해서 1995년도에 '고부일기'라는 타이틀로 책으로 냈다. 반응이 좋았다. 어머니와 아내는 갑자기 바빠졌다. 신문사와 방송국에서 인터뷰 요청이 쇄도했으니까. 아마 50군데도 더 불려 다녔을 것이다.

"나라고 할 말이 없는 줄 아니?"

하고 벼르던 어머니도 1996년도에 책을 냈다. 이른바 『붕어빵은 왜 사왔니?』다. 붕어빵은 『고부일기』보다 더 큰 반향을 불러일으켰다. 100군데가 넘는 데서 인터뷰 요청이 쇄도했다.

물론 잘 팔렸다. 그러나 '저 집 빌딩 몇 채 샀을 거'라는 짐작은 터무니없는 추측에 불과했다. 왜냐하면 늘어 나가는 빚을 갚기에는 역부족이었으니까. 다만 이자를 갚을 수 있어서 빚이 더 늘어나지는 않는 정도였다.

고부일기 시리즈 완결편으로 나도 1997년도에 『내 속 썩는 건 아무도 몰라』를 냈다. 나까지 방송국에 불려 다녔다.

계간지 ≪창작과비평≫에서 이례적으로 소소한 가정사를 다룬 이 세 권의 책을 본격적으로 서평으로 다뤄 주기로 약속했다. 필자는 당대의 무용가이고 명문장가이며 나의 가정을 속속들이 아는 나의 친구 채희완 교수로 정해졌다.

채 교수는 서평을 써서 ≪춤≫ 지(誌)에 다니는 후배의 책상 위에 놓고 중국으로 여행을 떠났다. 채 교수는 중국에 장기 체류할 경우에 대비해서 원고를 맡겨 놓고 간 건데, 후배는 ≪춤≫ 지에 실으라는 줄 알고 ≪춤≫ 지에 덥벅 실었다.

여행을 다녀온 채 교수는 정직한 사람이라 창비에 이실직고했다. ≪춤≫ 지에 한 번 실었는데, 한 번 더 창비에 실으면 안 되냐고. 당연히 거절이지!

아휴, 왜 이렇게 안 풀리냐? 하여간 무슨 일이든 나와 관련된 일은 무조건 잘 안 풀려서 무슨 큰일이 터질 거라는 생각이 들었다.

아니나 다를까, 그해 연말에 IMF 사태가 터졌다. 우리나라 책 도매상 1, 2, 3위가 모두 쓰러졌다. 내가 가진 어음도 모두 부도가 났다. 또 한 번 망했다.

그러나 아직 한 번의 기회가 더 남아 있었다.

1999년도에 고부일기 시리즈가 〈달콤한 신부〉라는 SBS TV 일요 아침 드라마로 제작이 되어 방영되기 시작했다. 우리 양어장과 우리 집이 주 촬영 무대였다.

강부자가 어머니, 김지수가 아내, 김상중이 나, 그리고 송혜교가 처제로 나왔다. 처음에는 재미있어서 책이 잘

팔리겠구나 싶었다. 동네 꼬마들도 드라마를 보았는지 내가 지나가면

"고부갈등 아저씨 지나간다!"

하고 소리를 질렀다.

그러나 극이 산만해지면서 점점 인기가 떨어졌다. 덩달아 책도 안 팔렸다.

이제 완전히 망했다.

나는 재기 불능 상태에 빠졌다. 계속 빚이 늘어났으니까.

볼가강의 죄수

기하급수적으로 늘어나는 빚을 해결할 방법이 없었다. 양어장을 팔려고 내놓았는데 후려치기만 할 뿐 실제로 살 사람은 한 명도 없었다.

홍수로 양어장 둑 한쪽이 무너져 다시 쌓아야 했다. 대형 덤프트럭 두 대가 날라다 준 어마어마한 흙으로 모래주머니를 하나하나 만들어 외발 수레에 싣고 가서 둑을 쌓았다. 그 노동에만 반년 이상이 걸렸다.

또한 나는 매일 풀을 깎아서 양어장을 시각적으로 최고의 상태로 유지하려고 애썼다. 나는 마지막 희망을 잃지 않아서 노래를 부르며 느릿느릿 작업했다. 마치 볼가강을 오르내리는 죄수선의 노를 힘겹게 젓는 죄수처럼 무겁게 노래했다! 교회도 다니지 않는 내가 부르는 노래는 놀랍게도 성가(聖歌)였고, 멜로디는 모차르트의 클라리넷 협주곡 주제와 비슷했다. 이런 노래였다.

찬양받으소서

영광스런 그 이름
온 땅 위에
주 영광 가득하다
주의 집에 거하는 자
복되오니
영원히 주 찬양합니다

나는 이미 '신의 덫'에 걸렸다는 것을 알고 있었기에 이런 노래를 부른 거다. 하지만 주 영광 가득하라고 2년 이상 불렀는데도 답이 없었다. 이제 마지막 희망까지 잃었다.

그래 죽자! 그냥 죽기로 했다.

그런데 죽을 방법이 문제였다.

아버지 산소에 굵고 키 큰 소나무가 있었다. 목매달기 좋은 교수목(絞首木)! 그러나 이건 효(孝)가 안 되고 보기에 너무 흉측할 거 같았다. 그래서 고려 대상에서 제외되었다. 패스!

양어장 물에 빠져 죽는 것은 내가 헤엄을 너무 잘 쳐서 불합격이었다. 아내는 죽고 나만 살어? 그건 말이 안 되지.

지나가는 차에 깔려 죽는 건 아내가 반대했다. 괜히 죽지도 못하고 병신이나 되면 그것도 남에게 폐가 된단다. 뭐 좀 아네!

그래서 죽지 말고 도망가기로 했다.

우크라이나에서 선교사를 하는 큰누나 소위 말해서 '군정청장 딸'이 또 한 번 친정을 구한다는 사명을 띠고 왔다. 이 사람은 앞뒤 안 가리고 무조건 저지르고 보는 성격이라 보따리 싸서 우크라이나로 가자고 했다.

거기 가면 말도 못 하는데 어떻게 사냐고 했더니 말 못해도 살 수 있단다. 개기면 된다네. 이걸 믿어 말어? 믿기로 했다. 왜냐하면 그녀는 나를 위기에서 여러 번 구해 주었기 때문이다.

큰누나는 대전 서여고 재학 시절, 자기가 무슨 최승희나 되는 듯이 자기 멋대로 꾸며 만든 승무(僧舞)를 가지고 독무(獨舞)를 추었다. 이날 대전의 건달 남학생들이 다 와서 강당이 미어터졌다. 국민학교 2학년에 불과한 나는 들어갈 방법이 없어 밖에서 울고 있는데, 누나 친구 둘이 나를 들어서 창밖에서 안으로 던지고 창문 안에서 여럿이 받았다. 이게 대전 서여고의 유명한 '세븐 클럽'이었다.

또 누나가 여고 시절 무전여행을 갔을 때 누나만 무전(無錢)이었지, 다른 누나들은 각자 집에서 무지막지하게 챙겨 갖고 나온 특급 유전(有錢)이어서, 해운대 국제호텔에서 꺼떡거리며 노는 여유로운 사진을 보내오기도 했다. 세븐 클럽이잖아!

이러니 내가 어떻게 안 믿나?

여권을 만들려고 하니 누나는 여권 사진부터 찍으란다. 누구한테 들키면 안 되니까 사진관에 갈 때도 한밤중에 갔다.

나는 우크라이나 가서 제일 문제 될 게 고추장이었다. 나는 고추장 없으면 못 산다. 아, 나의 맛있는 고추장 항아리를 어떻게 갖고 가나? 아내는 거기 추울 텐데, 자기는 추운 건 질색이라며 전기장판부터 챙겼다.

그때 이상한 일이 일어났다.

CIA

2001년 9월 초다. 즉 9.11 테러 직전이다.

뉴욕 할렘가에서 흑인 선교를 하는 사촌 처제가 40일 금식 기도를 하다가 "너의 형부를 신학교로 보내라!"라는 신의 명령을 받았다며 갑자기 나를 찾아왔다.

뭐? 나를 신학교로 보내라구? 그럼 신이 이렇게 될 줄 다 알고 있었다는 말인가? 그럼 나 망하기만을 기다렸다는 거야, 뭐야?

그건 나중에 따지기로 하고,

하여간 우크라이나까지 도망갈 필요는 없었다. 고민이 한 방에 해결되었다. 신학교로 숨으면 될 일이었다.

그런데 한 가지 문제가 있었다. 신이 '사촌 처제를 시켜서' 가라고 한 광나루에 있는 장로회신학대학교 신학대학원(이하 약칭, 장신대 신대원)은 알고 보니 들어가기가 무척 어려운 학교였다. 명문대 나온 젊은 애들도 뚝뚝 떨어지고 몇 수씩 하는 학교라네.

에이, 설마. 그렇게 어려워? 정말로 어렵다. 왜 그리 어려운지 내가 설명하겠다. 나는 일찍이 성경을 공동번역 성경으로 읽었다. 이건 쉽지! 그러나 이 성경은 시험 보는 데는 별 도움이 안 된다.

왜냐하면 각 교단은 자기들이 교회에서 쓰는 성경으로 시험을 본다. 그런데 교회를 안 다닌 사람들은 잘 모르겠지만, 이 한글 성경이 쉬운 것 같아도 되게 어렵고 복잡하다. 왜냐하면 품위를 높이느라고 고아(古雅)하고 애매모호한 표현을 많이 썼기 때문이다. 요새 한글하고 전혀 다르다.

그런데 요걸 어미(語尾)나 토씨만 틀린다고 해서 봐주느냐? 절대 안 봐준다. 한 자만 틀려도 그냥 불합격이다. 왜냐하면 성경은 일점일획(一點一劃)도 고칠 수 없으니까.

그러니 이걸 누가 맞춰? 신이 아니면 못 맞춘다. 그러니 명문대 아니라 명문대 할애비가 와도 뚝뚝 떨어지는 것이다. 차라리 영어 성경*이 훨씬 쉽다. 한번 볼 텐가? 누가복음 7장 34절을 예로 들어 보자.

The Son of Man came, and he ate and drank, and you said, 'Look at this man! He is a glutton and wine-drinker, a friend of tax collectors and other out-casts!'

무슨 말인지 알아들으셨지? 내 실력으로 번역하면 대강 이런 뜻이다.

사람의 아들이 와서, 먹기도 하고 마시기도 하니까, 너희들은 '봐라, 이 사람은 먹보에 술꾼이고 세리와 죄인들의 친구로구나!' 하는구나.

그럼 교회에서 흔히 쓰는 개역한글 성경에는 어떻게 되어 있을까?

* 영어 성경 : 미국성서공회에서 발행한 The New Testament in Today's English Version 4판(1977). 이 책은 대한성서공회에서 발행한 공동번역 영한대조 신약성서(1977)의 영어 쪽 텍스트로 쓰였다.

인자는 와서 먹고 마시매 너희 말이 보라 먹기를 탐하고 포도주를 즐기는 사람이요 세리와 죄인의 친구로다 하니

무슨 말인지 짐작은 간다. 하지만 확실히 알려면 영어 독해하듯 연필로 사선을 그어 가며 분석해야 할 거 같다. 쉼표도 없고 마침표도 없으니까.

정작 문제는 시험이다. 만일 시험에 이 구절을 외워서 쓰라고 했을 때, 솔직히 이게 외워지나? 나는 지형지물이 없는 모래사막을 헤매는 것 같아서 도무지 안 외워지던데. 그래서 가만히 원 뜻을 생각해 보다가 아차 실수하여 '먹기를 탐하고'를 '먹보'라고 써도 틀리는 거고, '포도주를 즐기는 사람'을 '술꾼'이라고 써도 틀리는 거고, '보라'를 '보아라'나 '봐라'로 써도 틀리는 거고, '로다'를 '로구나'로 써도 틀리는 거다.

여러분은 이걸 맞출 수 있다고 생각하는가? 그렇다면 당신은 신이 보낸 천사요, 기적 그 자체다. 솔직히 이걸 어떻게 맞추냐고. 못 맞추지!

그럼에도 불구하고 나는 이상하게도 그 어려운 시험에 합격했다. 사회 경력자를 우대하는 특별 전형이 아니라, 대학 갓 졸업한 젊은이들과 맨땅에서 겨루는 일반 전형에 합격했다니까! 개역한글 성경도 모르는 늙은이가! 이상하네. 누가 봐준 거야, 뭐야?

우선 빚쟁이들이 안 찾아와서 좋았다. 그러나 나같이 기독교와 별 관계도 없는 사람이 성경을 연구할 것도 아니고, 너무나 심심해서 학생들의 얼굴과 이름을 외웠다.

우선 신대원 1, 2, 3학년생의 이름부터 시작했는데 금방 다 외워서 대학 학부의 1, 2, 3, 4학년 아이들까지로 확대하였다. 그 결과 나는 장신대에 다니는 1700명 중 누구라고 이름 석 자만 대면 이마에 출신 학교가 쓰인 그의 얼굴이 나의 망막에 자동적으로 떠오를 정도가 되었다.

별명이 CIA여서 학생들은 자기를 알아보는 나를 좋아하기도 하고 무서워하기도 했다.

내가 자기들을 너무 잘 아니까, 혼선이 계속 일어났다. 신대원 학생들이야 내가 진짜 신대원 학생이니까 당연히 동급생인 줄 알지만 목연* 학생들은 내가 목연 학생인 줄 알고, 학부 학생들은 내가 저희들과 같은 학부 학생인 줄 알았다.

나이 차이가 얼마나 나는데! 열아홉 살짜리 학부 1학년생들이 쉰다섯 살인 나를 저의 동급생인 줄 아는데 환장할 뻔했다.

하루는 나이 많은 학부 학생이 말했다. 하긴 나이 많다고 해 봐야 나보다 한참 아래지. 아마 많아 봐야 30일걸!

"형님, 내가 넘버 쓰리요."

"그게 무슨 말이냐?"

"형님이 제일 연장자니까 넘버 원, 그다음 기교과의 박맹호 형이 나보다 한 살 많으니까 넘버 투, 그다음이 나니까 내가 넘버 쓰리지요."

"그래, 좋으냐?"

"예."

학생들은 이렇게 나를 좋아했건만 교수들은 나를 별로

* 목연 : 목회 연구 과정의 준말. 목사가 되는 2년제 속성 코스로 4년제 정규 대학을 졸업 못 한 분들이 갔다. 지금은 강좌가 없어졌다.

안 좋아했다. 교회 계통에서 보았을 때 내가 너무나 세속적으로 보여서 그랬을 거 같다.

심지어 어떤 나이 많은 여학생은 나만 보면 웃었다. 내가 좋아서 웃는 것은 아닐 테고, 왜 웃냐고 영문을 물어보니, '저런 사람도 신학교 오는구나!' 하는 생각이 들어서 웃었단다. 시정잡배(市井雜輩)처럼 생겼다는 말이겠지.

학생도 그러하니 교수들 눈에는 어떻게 보였을까? 시정잡배를 넘어서서 '공공의 적'처럼 보이지 않았을까 하는 의심이 든다. 그러니까 갑자기 화를 내거나, 이놈 어디 두고 보자는 식으로, 꾸준히 빼무르는* 양반들이 그리 많았지!

한마디로 나는 생긴 거 자체가 무슨 교회에 불만이 많은 놈처럼 생겼던 것이다.

* 빼무르다 : 벼르다.

아테네 방식

게다가 나는 행동이 경건하지 않았다. 나는 마치 신학교가 아니라 일반 대학에 다니는 것처럼 행동했다. 로마에 가면 로마 방식을 따라야 하는데 나는 끝끝내 아테네 방식을 고집하고 있었다.

예배학 시간에 서평을 쓰는 시험이 있었다. 책 세 권 중 하나를 골라 쓰는 건데, 하나는 미국 사람이 쓴 책이고 나머지 둘은 한국 사람이 쓴 책이다. 한국 사람은 담당 교수와 혈연 내지 학연으로 얽혔을 가능성이 있어서, 만만해 보이는 미국 사람 책을 골라서 썼다. 나는 이 미국 사람이 담당 교수의 스승일 줄은 꿈에도 몰랐지!

미국 교회나 한국 교회나 정신 차려야 한다. 너무 예배만 중시하고 이렇게 사회봉사에 인색하다간 유럽 교회 짝 난다. 지금 유럽에서는 교회에 사람이 안 와서 다 극장, 댄스홀, 술집으로 바뀌었다. 정신 차려라!

며칠 후 채점하고 시험지 다시 돌려주는데 보니, 담당 교수가 굵은 그리스 펜슬로 아홉 군데나 시뻘건 줄을 치고 그 밑에다 빨간 볼펜으로 깨알같이 써서 준열히 나를 꾸짖었다. 예배를 모욕한 것은 하나님과 교회와 교단과 학교를 모독한 거라나?

아, 학연이 이렇게 국제적으로 얽혀 있을 줄이야!

그 교수가 자제력을 발휘해서 그렇지, 성질나는 대로 열 군데 이상 빨간 줄 쳤으면 틀림없이 나는 퇴학당했을 거다.

몇 년 후 그 교수가 장신대 총장이 되었다. 교수 자신이 그렇게 높은 사람이 될 줄 알았더라면, 나를 미지근하게 퇴학만 시킬 게 아니라 총살까지도 고려했을 거라는 생각이 들었다.

나는 신학교에서 하루하루 연명했다.

기독교인의 특징이 뭔지 아는가? 무조건 감사하는 거

다. “감사합니다.” “감사할 뿐이지요.” 이래야 하는데 나는 청주 사람 장사하듯이 무뚝뚝하기가 이루 말할 수 없었다.

청주 사람은 손님이 들어오면 일절 쳐다보지도 않고 그냥 파리채로 탁탁 파리나 잡는다. 살라면 사고 말라면 말라는 식이다.

나는 서울에 처음 와서 놀랐다. 서울 상인들은 파리도 안 잡고 손님에게 웃으며 말을 거는 것이었다. “어서 오세요!” 하고. 나는 놀라 자빠지는 줄 알았다.

그거와 마찬가지로 나는 교회에 처음 들어갔다가 사람들이 아무거나 보고 “감사합니다.” “감사할 따름이지요.” 하는데 까무러치는 줄 알았다. 교회도 이런데 신학교는 더하지! 말도 못 하게 감사할 일이 많지!

그러니 나는 ‘감사 고개’에 걸려 과연 살아남을 수 있을지 극히 의심스러운 상태에 있었다. 그래서 내 딴에는 해빙기의 빙판길을 걷는 것처럼 조심조심 행동했다.

그래도 내 인내심이 더 셌다.

한 노(老)교수가 참지 못하고 먼저 분통을 터뜨렸다.

"아, 저거 입학 사정 때 나한테 걸렸으면 입학 안 시키는 건데. 누가 입학시켰어?"

그러자 젊은 교수가 뒤를 이었다.

"저건 이단이 아니라 삼단 사단이 될 인간이야!"

나는 그들이 왜 화를 내는지 짐작이 갔다. 다 그렇다는 것은 아니지만, 일부 기독교인들은 사실이 아닌 것을 믿는 데 익숙해 있다. 그러니 사실을 말하거나 행여라도 웃으면 막 화가 나는 것이다. 간단한 예를 들겠다. 믿음이 깊은 아이일수록 산타클로스가 양말에 선물을 넣는 것으로 알고 있다. 근데 동네 나쁜 형이

"임마, 넌 그런 걸 아직도 믿냐? 그거 엄마 아빠가 넣는 거야"

하면 산타클로스와 썰매와 루돌프 사슴으로 이루어진 아름다운 성(城)이 무너지면서 막 화가 나지 않나? 더구나 그 부모는 더 화가 나면서 어떤 놈이 순진한 동심(童心)을 무너뜨려? 당장 그 나쁜 놈하고 놀지 말라고 야단이 나지 않나?

여기서 산타클로스 동화(童話)를 믿는 아이는 신학생이고, 믿게끔 가르치는 부모는 교수이고, 동네 나쁜 형은

내가 아닐까 하는 생각을 하면서 나는 쓸쓸하게 지냈다.

근데 간단한 크리스마스 선물 갖고도 이렇게 화가 나는데, 처녀가 아이를 낳았다거나, 누가 물 위를 걸었다거나 하는 데서 행여라도 내가 웃으면 화가 폭발할 터였다.

그래서 나는 촉새처럼 자발없게 사실을 말하거나, 경망스럽게 웃는다거나 하지 않으려고 이를 악물고 생활했다.

30명씩 조를 짜서 일주일씩 산골짝에 있는 수도원에 가서 피정*을 하는 과목이 있었다. 영성 신학의 일부였다. 담당 교수는 진보적이지도 않지만 보수적이지도 않은 중립적인 인물이다. 그래도 그분은 내가 학생들 이름 다 외운다고 나에게 호의적인 교수였다.

수도원 중앙에 큰 홀이 있다. 모두 거기 모여서 기도하고 명상하는 경건하고 거룩한 그 시간에 말이다. 나도 모르게 잠이 들었다. 낮잠이지 뭐! 나 이거 기도 명상 빼먹으

* 피정(避靜) : 조용한 곳으로 물러난다는 천주교 용어. 예수가 40일간 홀로 광야에서 단식기도한 데서 비롯된 훈련 방법으로, 영적으로 쇄신되는 것이 목적이다.

려고 잔 거 절대 아니다. 점심 먹고 졸다가 스르르 잠이 든 거다.

그런데 명상이 다 끝날 때쯤 교수가 인원을 세어 보니까 아무래도 하나가 비거든. 그래서 각 방을 수색한 결과, 어느 작은 방에서 잠자는 숲속의 게으름뱅이처럼 내가 나오니까 교수는 야단 야단을 쳤다.

"유의하세요!"

"예."

"유의하세욧!"

"옛!"

하여간 교수 98프로가 나를 싫어했다. 그래도 2프로가 계셔서 숨을 쉴 수 있었다. 구약학의 박동현 교수와 조직신학의 윤철호 교수가 그분들이다. 나는 입학 사정 때 박동현 교수가 시험관이었으므로 그분이 나를 합격시켜 준 줄 알았다.

하루는 우연히 만났을 때 합격시켜 주셔서 고맙다고 인사를 했더니 펄쩍 뛰셨다.

"아닙니다. 그런 일 없어요."

그럼 뭐야? 또 그이가 합격시켜 준 거야?

창섭이

윤철호 교수는 현대신학에 밝은 진보적인 신학자였으므로 그분 강의를 많이 들었다.

나는 신대원 2학년 시절인 2003년 10월 24일, 장신대 종합관 1003호실에서 열린 윤철호 교수의 현대신학개관 수업에서 '창조와 섭리'라는 제목으로 발제를 하게 되었다.

근엄한 신학교의 분위기에 질식할 것 같던 나는, 진보적 신학자의 아량에 기대어, 고삐 풀린 망아지처럼 나의 신학관(神學觀)을 자유롭게 풀어놓았다. 진보적인 학생들과 교수님은 오히려 즐거워했다.

그래도 만사(萬事) 불여(不如) 튼튼이라, 혹시 말썽이 날까 봐 나는 원고를 보지 않고 발표했고, 원고도 없애 버렸다. 그러나 아뿔싸! 나도 모르게 이날의 발표를 녹음한 학생이 있어서, 이 녹음 테이프를 1년쯤 갖고 있다가 1년에 한 번 발간하는 신대원 잡지에 '화제의 발제'로 실었다. 그는 그 잡지의 편집자였던 거다.

다행히 말썽이 나지는 않았다. 과거는 흘러가 버렸고, 또 이런 잡지를 누가 읽나? 아무도 안 읽지!

아무튼 그때로 돌아가서 실제로 발제를 해 보겠다.

제목 : 창조와 섭리

'하나님이 세계를 창조하시고 통치하신다.' 이게 전통적인 창조론과 섭리론인데, (손가락을 꼽으며) 전/통/적/인/창/조/론/과/섭/리/론 11자! 너무 기니까 편의상 줄여서 전창섭이라고 하겠습니다. 양해를 바랍니다. 이 전창섭이가 지난 몇 세기 동안 심각하게 퇴색해 왔습니다. 마치 누렇게 바랜 흑백사진처럼, 저 창밖의 가을 햇빛처럼 힘이 없습니다. 왜 그렇게 힘이 없을까요? 왜 그렇게 힘아리가 없냐 하면 과학의 공격을 받았기 때문이죠.

과학은 현대를 지배합니다. 요즘 세상에 '과학' 자가 안 붙으면 도무지 권위가 안 서요. 요새 왜 대학에 농대가 없나 했더니 생명과학대로 바뀌었더라구요.

하다못해 침대도 과학이라고 하잖아요. '과학' 자가 안 붙으면 장사도 안 됩니다.

이런 무시무시한 과학이 전창섭이를 공격한 겁니다. 왜 공격했을까요? 하나님이 세상을 출발시켰고 모든 사건의 배후에 하나님의 뜻이 있다는 건 목적론인데, 과학은 이 목적론을 아주 싫어하기 때문입니다. 왜 싫어할까요? 왕년에 목적론한테 무지하게 당했기 때문이죠.

가령, 남이 밥 먹는 것을 보면 "어, 밥 먹는구나!" 하면 될 것을, "너 밥 먹고 힘 길러서 나한테 대들려고 그러지?" 꼭 이런 식으로, 있지도 않은 목적을 덮어씌우는 사람들 있잖아요. 이게 마녀사냥의 논리이거든요. 이단 때려잡는! 그런데 이건 당하는 사람 입장에서는 피눈물 나는 얘기입니다.

그래서 당하는 사람들 입장에서 생각해 본 겁니다. 우리가 안 당하려면 사고방식을 뜯어고치자. 그것도 안 되면 표현 방식이라도 바꾸자. 사실 관계 설명에서 목적을 떼어 버리자. ○○하기 위하여, ○○

하려고를 떼어 버리자. 순수하게 사실만 얘기하자.

A는 B다라고만 얘기하자. 바람이 분다고만 얘기하자. 산불을 번지게 하기 위하여 바람이 분다는 식으로는 얘기하지 말자. 비가 온다고만 이야기하자. 우산 없는 나를 슬프게 하려고 비가 온다는 식으로는 이야기하지 말자. 소쩍새가 운다고만 얘기하자. 배고픈 사람을 선동하려고 소쩍새가 운다는 식으로는 이야기하지 말자.

사실 이건 당하는 사람들 입장에서는 처절한 이야기입니다. 안 당해 본 사람은 몰라요. 저는 3공 때부터 출판사를 해 왔는데 책만 내면 정부를 전복하기 위하여 책을 냈다는 거예요. 환장할 일이죠! 목적을 떼어 버려야 해요. 사상과 학문의 자유의 역사는 이와 같이 목적을 떼어 버리려는 처절한 몸부림이었습니다.

다시 과학 이야기로 돌아가서!

그런데 세상이 바뀌었어요. 종교가 지배하던 시대가 지나가고 과학이 지배하는 시대가 되었습니다. 이제 과학인들이 종교인들에게 자신 있게 이야기하는 세상이 된 것이죠.

너희들 말이야, 명성관 식당 앞에 국화꽃이 피었으면 그냥 국화꽃이 피었다고 얘기하지, 왜 꼭 하나님의 영광을 드러내기 위하여 국화꽃이 피었다고 얘기하냐? 너희들 무슨 저의가 있는 게 아니냐? 아니면 시(詩) 쓰냐? 솔직히 말해서 맞는 얘기잖아요! 할 말이 없잖아요! 그렇죠?

그래요! 그래서 전창섭이도 변신을 꾀한 거죠. 이 전창섭이의 변신 얘기가 줄리언 하트가 쓴 이 논문의 주제입니다. 그럼 전창섭이의 처음 모습은 어땠을까요? 2000년 전 성경의 세계로 돌아갑니다. 성경은 첫머리부터가 전창섭이 이야기입니다. 태초에 하나님이 천지를 창조하시니라. 이건 창조 얘기고, 여호와는 나의 목자이시니, 이건 섭리 얘기입니다.

이런 이야기들을 가지고 조직신학자들이 기독교 교리로 만든 겁니다. 교리는 대략 여덟 개의 명제로 되어 있습니다. 유인물을 참조하세요. 그런데 놀랍게도 교리가 비슷비슷해요. 2세기부터 17세기까지의 위대한 조직신학자 네 명, 오리게네스, 아우구스티누스, 아퀴나스, 칼뱅의 의견이 거의 일치합니다. 꼭 짜고 치는 고스톱같이! 마치 미리 합의를 본 것 같습니다. 그래서 이른바 합의라고 하지요. '합의' 봤습니까? 보십시오. 유인물 첫째 페이지와 둘째 페이지 사이에 있습니다. 명제 1, 2, 3, 4, 5, 6, 7, 8이 바로 그겁니다.

이런 합의로 창조와 섭리의 이치가 한 점의 의혹도 없이, 윤동주의 서시(序詩)처럼 한 점 부끄러움도 없이 깨끗이 설명되면 얼마나 좋겠습니까? 하지만 어디 세상 이치가 그런가요? 따지기 좋아하는 사람들의 의혹은 여전히 '살인의 추억'처럼 남았으니 중요한 것만 추려 봐도 이렇게 많습니다. 유인물 둘째 페이지에 있습니다.

'합의 속에 존재해 온 긴장들' 이게 전부 전창섭이의 약점이고 상처인데 과학이 이런 약점들을 파헤치고 호벼낸 거죠. 과학의 선봉에는 갈릴레오가 서 있었습니다.

유명한 갈릴레오 재판 얘기 아시죠? 그자가 유언비어를 퍼뜨리고 다닌다는 소문이 돌았거든요. 태양이 지구를 도는 게 아니라 지구가 태양을 돈다나? 이런 쓸데없는 얘기를 나발 불고 다니니까, 잡아다가 혼을 내려고 한 건데 오히려 결과적으로 재판관들이 웃음거리가 되었잖아요.

갈릴레오가 재판소 문을 나서면서 "그래도 지구가 도는걸!" 했을 때 웃음거리가 된 것은 결국 재판관들입니다. 왜 그걸 잡아다 족치지, 족치지 못했습니까?

왜냐하면 세상이 바뀌었거든요. 못 들었다고 잡아뗀다고 될 일이 아니잖아요. 400년 후 장신대 종합관 1003호에 있는 우리도 아는 얘긴데!

종교 재판관들이 웃음거리가 되었다는 것은 교회가 웃음거리가 되었다는 얘기고, 교회가 웃음거리가 되었다는 것은 신앙이 웃음거리가 되었다는 얘기고, 신앙이 웃음거리가 되었다는 것은 신앙을 떠받치고 있던 전창섭이가 웃음거리가 되었다는 얘기입니다.

이 교회를 구하기 위해, 신앙을 구하기 위해, 전창섭이를 구하기 위해 나선 사람들이 있었으니 데카르트, 라이프니츠, 스피노자, 뉴턴 같은 사람들입니다.

이들은 전창섭이를 변화시켜서 새창섭이로 만들었어요. 그런데 이 새창섭이도 과학의 공격을 받습니다. 새창섭이도 어차피 목적론이거든요. 하나님이 창조했다면 무엇을 하기 위해서 창조한 것이잖아요. 과학의 공격을 받다 받다 새창섭이가 어떻게 변해 갔는 줄 아시죠?

"창조했다. 창조했당께."

그러다가 "창조했는개벼."

섭리는 하나님이 손댄다는 얘긴데,

"하나님이 손댄다. 손댄당께."

그러다가 "손대는개벼."

이제는 하나님이 손댄다는 얘긴지, 안 댄다는 얘긴지 알쏭달쏭합니다.

"손대는겨, 안 대는겨?"

하고 물으면 곤란해 가지고

"넌 왜 그렇게 직접적인 표현을 쓰니?"

이렇게 새창섭이가 다 죽어 갈 즈음에 도움이 나타납니다. 눈을 들어 산을 보니 도움 어디서 오나? 이 산에서도 아니요. 저 산에서도 아니요. 도움은 엉뚱한 데서, 역사의식에서 왔습니다. 왜냐하면 역사의식도 목적론이거든요. 시간 속에 뜻이 있다는 것이 역사잖아요. 헤르더, 슐라이어마허, 헤겔. 이런 사람들의 목적론 틀거리 속에서 창섭이도 살아남습니다.

그러나 좋은 것도 잠시! 이놈의 역사의식 때문에 더 고약한 문제가 생겨요. 역사는 모든 것을 상대적으로 보잖아요. 역사 비평이 성경을 어떻게 대했는지 아시죠? 성경, 그거? 인간의 작품이야.

이러니까 믿고 있던 게 와르르 무너집니다. 성경은 절대적으로 하나님 말씀인 줄 믿었는데!

이제 믿을 만한 게 뭐가 남죠? 이성! 이젠 인간의 이성이 모든 것의 잣대가 됩니다.

'이성' 하면 떠오르는 사람 있지요? 책 제목에다가 이성 자를 두 번이나 쓴 사람. 서양의 모든 철학이 이 사람에게로 흘러 들어와서 흘러 나간다는 사람. 칸트! 이 사람 철학자로선 위대할지 몰라도 은혜는 안 되는 사람이거든요!

칸트의 인식론에서 신과 자연은 물자체, 즉 알 수 없는 영역에 속합니다. 그러므로 '태초에 하나님이 천지를 창조하시니라'를 이 사람 논리대로 풀면 알 수 없는 시간에 알 수 없는 분이 알 수 없는 영역을 창조했다는 것이잖아요.

"창조, 그거 말 안 되잖아!"

이 사람이 창섭이를 공격하자 창섭이는 동네북이 됩니다. 칸트 따라다니던 사람이 한둘이 아니거든요. 천천이고 만만이죠. 창섭이는 그로기 상태가 되었습니다.

근데 이때 죽어라 죽어라 하느라고 다윈의 진화론이 나왔어요. 진화론이 뭡니까?

"자연은 누구의 도움도 받지 않고 스스로 굴러간다! 창조 좋아하네!"

결정타였습니다.

여태까지 창섭이를 힘겹게 받치고 있던 신학자들은 고개를 떨굴 수밖에 없었습니다. 이제 신학은 과학과 철학의 눈치를 보며 뒤를 따라갈 수밖에 없게 되었죠.

신학은 이제 3번이 되었습니다. 1번 과학, 2번 철학, 3번 신학.

"3번아, 6번은 간다!" 얘기 아시죠?

시골의 늙은 아버지가 서울 아들네 집에 다니러 왔다가 떠나면서 남긴 메모입니다. 아무도 상대 안 해 주는 집에 머물면서 관찰해 본 결과 집안에 서열이 있는데 서열 1번이 손자, 2번이 며느리, 3번이 아들, 4번이 강아지, 5번이 가정부, 6번이 자기더라는 겁니다.

3번 아들하고 4번 강아지는 집안 사정에 따라 바뀔 수가 있죠.

신학은 이 늙은 아버지의 아들과 같은 신세가 된 겁니다. 이 3번 신학이 어디까지 갔는지 아시죠? '창조는 우주의 기원과 아무런 관계가 없다!' 이 정도면 막가파는 아니더라도 삼전도에 나아가 이마를 아홉 번 찍고 항복 문서를 쓴 거나 다름없죠.

신학은 이제 리얼리티를 다루는 학문이 아니었습니다. 중요한 것은 다 넘겨주고, 말하자면 노른자는 과학한테, 흰자는 철학한테 넘겨주고 껍질만 남은 겁니다. 이때 과학과 철학이 어떻게 나왔는지 아시죠?

"너 도덕 선생이나 해라."

도덕은 수능 시험에도 안 나오는 과목이잖아요! 신학이 이렇게 구박을 받다 보니 하나님도 세상을 창조하신 분이 아니라, 창조성의 샘플 정도로 격하되었습니다.

모든 것이 끝났다고 생각했을 때 뜻하지 않게도 전환점이 왔습니다. 이성이 뽐내던 세상, 과학이 판치던 세상이 대형 사고를 친 것이죠. 제1, 2차 대전과 유태인 대학살. 엄청난 범죄였습니다. 과학은 어디로 튈지 모르는 럭비공이고 인간의 이성은 보잘것 없다는 것이 드러났습니다. 탄식과 절망 속에서 하나님을 찾는 목소리가 높아졌고 창섭이에 대한 재해석이 활발해졌습니다. 바르트는 외쳤습니다.

"하나님은 창조자, 역사의 주이시다!"

바르트, 불트만, 틸리히는 각각 새로운 창조론과 섭리론을 내놓았습니다. 하나님의 말씀이 들리는 듯했습니다.

"벌레 같은 야곱아, 구더기 같은 이스라엘아, 이제는 정신 차려라."

지금 창섭이는 신학자들 수만큼이나 많습니다. 더구나 바르트나 불트만 같은 대가도 사라져서 교통정리가 안 됩니다. 그러나 워낙 새로운 생각들이 많이 나타나다 보니 의제 자체가 변하고 있습니다. 이런 이야기들은 유인물 마지막 페이지 '쟁점 및 제안'들에 있습니다.

참조하시고요.

2번 창조성에 관한 제 경험담을 이야기하는 것으로 발제를 마치려고 합니다. 제가 출판사 경영할 때

이야기입니다. 책 표지 디자인하는 사람들이 명함에다가 'creative art director'라고 쓰고 다니는 것을 보고 창조성도 별로 없어 보이는 사람들이 창조성 되게 좋아하네! 하고 생각한 적이 있습니다. 물론 교회 안 다닐 때 얘기입니다.

이번에 발제 준비하면서 돌아보니 그 사람들 생각과 표현이 맞았다는 생각이 듭니다. 하기야 창조성이 없으면 직업 전선에서 살아남기 힘들죠. 그게 있었으니까 나한테 책 표지 만들어 주고 돈을 받아 간 거죠! 이 세상 모든 존재가, 미립자까지도 다 창조성이 있다는 걸 고백하면서 발제를 마칩니다. 감사합니다.

이렇게 내가 가정일은 팽개치고, 신의 일에만 전념하고 있을 무렵 가정 쪽에서도 좋은 소식이 들려왔다. 오금리 양어장이 삼송택지지구로 지정이 되어서 나의 모든 땅이 정부에 수용이 된다는 소식이었다. 그동안 빚이 많이 늘어 이자까지는 안 되겠지만, 원금은 갚을 수 있게 된 것이다.

나는 신에게 감사했다.

빌라도

빗 문제가 해결되자 그제야 움츠렸던 마음이 풀리며 약간의 자신감이 생겼다. 이제 교수들이 쫓아내도 별 상관이 없었다. 이런 상태에서 '설교의 실제'라는 시간에 내가 '빌라도는 왜 사도신경에 올라갔나?'라는 제목으로 설교를 하게 되었다.

이 설교는 나에게 우호적인 진보적 학생들 앞에서 한 설교가 아니라, 자칫하면 위험할 수도 있는 일반 신학생들 앞에서 한 설교라 의미가 있었다. 과연 호응을 얻을 수 있을지.

2003년 11월 20일에 내가 한 설교가 녹화 테이프에 그대로 남아 있어 여기 싣는다.

제목 : 빌라도는 왜 사도신경에 올라갔나?

빌라도가 예수를 심문할 때 아내한테서 쪽지가 왔습니다.

"여보여보, 오늘 꿈자리가 무지하게 안 좋으니까 절대로 그 사람한테 손대지 마세요."

(시큰둥하게) "알았써어."

여러분은 이 장면에서 무엇을 느끼십니까? 저는 이걸 느꼈습니다. (손가락 세 개를 꼽으며) 공/ 처/ 가/.

여자가 이 정도로 정치에 간섭할 수 있다는 것은 남자가 공처가란 뜻입니다. 유명한 빨간 깃발 파란 깃발 얘기 아시죠? 공처가인 로마 황제가 한 가지 실험을 했습니다. 광장에다 신하들 모아 놓고, 빨간 깃발, 파란 깃발 꽂아 놓고, 공처가는 빨간 깃발로, 아닌 사람은 파란 깃발로 가라고 하니까, 죄다 빨간 깃발로 달려가는데, 딱 한 사람만, 젊은 근위대 병사 하나만 파란 깃발로 가 섰습니다. 너무나 존경스러워서 "너는 어쩌면 그렇게 간이 크냐?" 그랬더니,

"그게 아니구요. 오늘 마누라가요, 꿈자리가 안 좋다구요, 사람 많은 데 가지 말라구 했걸랑요."

뭔가 한 가지 공통점이 보이죠. 꿈자리가 안 좋으니까 절대로 뭐뭐 하지 말라. 이런 말을 들어 가면서 사는 것이 공처가의 삶입니다. 그런데요, 이런 공처

가들이 잘되려면 마누라 말을 절대로 따라야 합니다. 마누라 말대로 해야 심리적으로 안정이 되고, 안정이 돼야 일이 잘 풀리거든요. 이건 마치 이런 씨엠(CM)의 논리와 같습니다.

발이 편해야 맘이 편하고
맘이 편해야 일이 잘되죠.
아아아 (양말 한 짝을 꺼내며) 무등 양말.

여기에다 오늘의 주제를 대입하면

~~순종을~~ 해야 맘이 편하고
맘이 편해야 일이 잘되죠.
아아아 고옹처어가.

그래서 빌라도도 마누라 말에 순종하여 예수를 당장에 풀어 주고 깨끗이 손 씻고 싶었죠. 그러나 현실적으로는 그러지 못했습니다. 왜 그랬을까요. 유태인이라는 게 **대단히 논쟁적이고 비타협적이고 까다로워서** 일방적으로 꺾으려 들다가는 부딪치게 되어 있거든요.

이건 요즘도 마찬가지입니다. 하버드, 예일 등 미국 동부의 명문 대학들 있잖아요. 소위 아이비리그라고. 이 아이비리그 대학 교수들 3분지 1 이상이 유태인들인데요. 이 사람들이 **대단히 논쟁적이고 비타협적이고 까다로워서** 한국인 유학생들이 여기서 살아남으려면 유태인 교수들과 절대 부딪치면 안 된다 이겁니다. 유태인들과 정면으로 부딪치지 않는 거, 이것이 생존의 키포인트입니다.

그래서 빌라도도 유태인들과 정면으로 부딪치지 않으려고 하나의 타협안을 내놓았습니다. 즉 예수에게 유죄 판결을 내려서,

"땅땅땅! 당신 유죄야."

일단 유태인들 비위를 맞춰 주고 유월절 특사로 사면해 준다. 기막힌 아이디어죠. 근데 이 안이 유태인들에게 정면으로 거부되었습니다.

"예수는 절대로 사면(赦免) 안 된다. 바라바만 사면 된다."

도대체 누가 총독이고 누가 식민지 백성인지 모르겠군요. 그래서 빌라도가 다시 짜낸 안이, 예수를

웃음거리로 만들고 모욕을 주는 대신에 목숨만 살려 주는 방법. 가시 면류관 씌우고, 자색 옷 입히고, 뺨 때리고, 침 뱉고! 이렇게 하면 유태인들의 맘이 시원해지고, 시원해지면 혹시 살려 줄까 싶어서 이런 연극을 한 것인데요. 이것도 실패로 돌아갔습니다.

"십자가에 못 박는 거 외에는 어떤 대안도 있을 수 없다!"

참 징그러운 사람들이죠. 사면도 안 돼, 석방도 안 돼, 이래도 안 돼, 저래도 안 돼. 안 돼, 안 돼.

"정말 안 돼애?"

"정말 안 돼애!"

"그럼 뭐가 돼?"

"십자가에 못 박는 거만 돼."

"에라이. 이 순 나쁜 놈들. 못 박을라면 너희들이 직접 박어라! 나는 죽어도 못, 못 박는다!"

빌라도가 열이 뻗쳐서 이랬지만요. 유태인들이 누굽니까? **대단히 논쟁적이고 비타협적이고 까다로운** 인간들 아닙니까. 도리어 가소롭다는 듯이

"당신 총독 맞어? 알고 보니 이거 순 역적이네. 우리 왕은 위대하신 로마 황제 가이사밖에 없는데 지

입으로 왕이라고 떠들고 다니는 놈을 왜 살려 줄라고 그래. 당신 가이사한테 반역할라고 그러지?"

순간 빌라도는 자신이 함정에 빠졌다는 것을 깨닫습니다. 앞에는 유태인, 옆에는 (오른쪽을 가리키며) 유대인, 이 옆에는 (왼쪽을 가리키며) 유다인, 뒤에는 마누라. 그러다가 유 태인, 대인, 다인*들이 너무나 무서워서 그만 사형 선고를 내리고 만 겁니다.

사형 선고 내리고 어떻게 되었습니까? 두 사람이 올라갔죠. 한 사람은 십자가에, 또 한 사람은 사도신경에. (찬송가를 꺼내 표지를 열어 첫 페이지를 보여주며) 사/도/신/경/(읽으며) "본디오 빌라도에게 고난을 받으사 십자가에 못 박혀 죽으시고…"

(찬송가를 내려놓으며) 환장할 일이죠! 순간의 선택이 평생을 좌우한다더니 빌라도는 그날 아침 잠깐 잘못하는 바람에 2000년 동안 인류 최대의 악한이

* 유 태인, 대인, 다인 : 유태인, 유대인, 유다인이 각기 따로 있는 게 아니라 같은 유태인을 명칭만 달리 표현했다. 빌라도가 유태인들의 함정에 빠졌다는 것을 문학적으로 표현한 것이다. 한국인을 한국인, 한국놈, 한국 사람 이렇게 표현한 거나 마찬가지다.

된 것입니다.

근데요 여기서 한 가지 유의할 점은 빌라도가 장신대 다니는 우리보다 결코 못한 사람이 아니라는 겁니다. 대로마제국의 총독이라면, 더구나 말썽 많은 유대 땅에 파견된 총독이라면, 교양과 학식과 총명이 뛰어난 인재입니다.

그런데 도대체 어디서 잘못된 걸까요? 빌라도가 잘못한 건 단 한 가지입니다. 자기가 공처가라면 공처가란 직분에 철저해야 하는데, 마누라의 명령을 목숨 걸고 지켜낼 철저성이 있어야 하는데, 이 철저성 즉 '프로 정신'이 부족했던 겁니다.

반면에 사도행전 21장에서 바울의 목숨을 구해주는 천부장, 천부장은 어떠했습니까? 이 천부장이 누군고 하니 바로 20년 전 파란 깃발 아래 섰던 그 젊은 근위대 병사! 어느덧 세월이 흘러 예루살렘 파견 대장인 천부장이 된 것이죠. 이 천부장은 같은 로마 사람, 같은 공처가라도 빌라도와 너무나 달랐습니다. 물론 그 사람도 명령을 받았죠.

"여보여보, 오늘 꿈자리가 무지하게 안 좋으니까 예루살렘 성전 근처에서 누가 뚜들겨 맞거든 그 뚜들겨 맞는 사람 무조건 구해. 알았지?"

"알겠습니다. 충성!"

이 천부장은 마누라의 명령을 철저히 지켜서 유태인, 대인, 다인 폭도들에게 뚜들겨 맞는 바울을 구해가지고 안토니아 요새 층층대로 떠매고 올라갔잖아요. 마치 터미네이터처럼!

이런 사람은 유태인, 대인, 다인들의 이런 비난 같은 건 전혀 두려워하지 않습니다. 남한테 욕을 먹어도 꿈쩍도 안 합니다. 미친놈 소리를 들어도 까딱도 안 해요. 오히려 미친놈 소리를 들으면 흐뭇해합니다. 왜냐하면 미친놈 소리를 들어야 진짜 프로거든요.

프로 맞잖아요. 노래에 미친 놈? 가수! 춤에 미친 놈 뭐죠? 인간문화재! 영화에 미친 놈 뭐죠? 테크노마트*에서 영화 세 편 보는 놈! 삼위일체라네.

미쳐야 돼요. 세상에 미친놈 소리 안 듣고 무슨 일을 하겠습니까? 장신대에서도 마찬가지입니다. 기

* 테크노마트 : 장신대 근처에 있는 쇼핑몰. 안에 영화관이 있다.

도에 미친 놈, 성경에 미친 놈, 전도에 미친 놈, 구제에 미친 놈 소리 안 듣고 무슨 프로 목사가 되겠습니까?

이 미치는 거에서, 프로 정신에서 빌라도는 천부장의 발뒤꿈치도 못 따라간 겁니다. 바울을 죽이기 전에는 먹지도 않고 마시지도 않겠다고 맹세한 40인의 자객으로부터 바울 한 사람을 지키기 위하여 로마군 정예 보병 200명과 기병 70기와 투척병 200명, 합이 470명을 동원한 천부장의 프로 정신을 10분지 1만이라도 따랐더라면 빌라도는 사도신경에(찬송가를 들며) 올라가지 않았을 겁니다.

빌라도야, 너는 거기서 계속 수고해라. 나는 천부장의 프로 정신을 따르련다. 감사합니다.

이 설교는 파격이어서 충격과 웃음을 동시에 주었다. 담당 교수 외에는 대부분 좋아했다. 어떤 동기생은 모 방송에 연출이 있다며 내 코너를 만들어 주겠다는 허풍 섞인 제의를 하기도 했다. 물론 나는 허접한 내 실력을 잘 알거니와 방송 같은 데에는 관심이 없었다.

나는 빌라도에 대해서 원래부터 동정심과 함께 뭔가

이상하다는 생각을 갖고 있었다. 왜냐하면 성경을 아무리 찾아봐도 그가 잘못한 점은 별로 없어 보였기 때문이다. 마태복음 27장에도 그렇게 나오지만, 내가 보기에도 그는 교양 있는 인물이었고 예수에 대해서 관대했다. 내가 그렇게 생각한 데는 이유가 있다.

우선 예수가 살았던 시대적 배경을 봐야 한다. 당시는 팍스 로마나(Pax Romana)*라고 해서 그리스 문명이 시

* 팍스 로마나 : 로마의 평화. BC 27년 시저의 양자 옥타비아누스가 즉위하여 그 막강한 권위로 대외 전쟁과 빈부 간의 피비린내 나는 내전을 끝장냄으로써 시작된 200년간의 평화를 말한다. 옥타비아누스가 가져온 이 안정과 평화를 거의 모든 이가 구원으로 받아들였다. 오죽하면 그때까지는 신들에게만 붙일 수 있었던 아우구스투스라는 칭호를 자기한테 붙였을까. 아우구스투스는 '높아지신 이'라는 뜻으로 평화를 이룬 위대한 인물, 세상의 구주이자 '구원자'가 자기라는 뜻이다.

나는 이 대목에서 깜짝 놀랐다. '아니, 예수님 이전에 이미 구원자가 있었다구? 그러면 예수님은 구원자가 다스리던 세상에 태어난 거네!' 그래서 문헌을 찾아보니 독일성서공회가 발간한 연구용 성서에 그런 내용이 나오더라 이거지. 구원자를 쓴 것은 로마가 먼저고 신약성경은 나중이라는 게. 쉽게 말해서 마포갈비 원조는 저 집이여! 우리 집이 아니구!

작된 이후 서양 세계가 거의 천 년 만에 최고로 평화로운 시기였다. 이와 비견되는 시기는 19세기 영국이 주도한 팍스 브리타니카, 20세기 말부터 지금까지 미국이 주도한 팍스 아메리카나뿐이다. 그러나 영국과 미국이 만든 평화는 로마에 비하면 초라해 보인다.

그 당시 로마는 세계 그 자체였다.

영국부터 시작해서 프랑스, 서부 독일 등 라인강과 다뉴브강 이남의 유럽 대륙 전체, 중동 지역 전체, 그리고 아프리카 대륙의 큰 사막(사하라) 이북 전체! 이렇게 지중해를 둘러싸고 빙 둘러와야 감이 잡히는 게 로마제국이다.

신대륙 발견 전이니까, 중국과 인도 빼고 그냥 세계 전체다. 또 그리스어*만 알면 다 통하니까 지중해에서 돛단

그래서 나는 깨달은 거다. 예수님은 '원조' 구원자가 다스리던 팍스 로마나 시대에 태어나고 활동하다 죽은 '새로운 차원의' 구원자라는 것을!

* 그리스어 : 당시는 라틴어가 아니라 그리스어가 세계 공용어였다. 왜냐하면 로마가 세계를 정복하기 훨씬 전에 세계를 정복한 것은 그리스의 알렉산더 대왕이었기 때문이다. 알렉산더 사후 그의 부하들

배 타고 그냥 아무 데나 가면 된다. 요새 영어만 알면 다 통하나? 아니잖아. 중동이나 아프리카 가서 영어로 어쩌구 했다가 양키놈이라고 오히려 테러도 당할 수 있잖아.

은 권력투쟁으로 세계를 조각내기는 했지만 300년 이상 우수한 그리스 문화와 그리스 언어의 힘으로 세계를 지배하였다. 이것이 그 유명한 헬레니즘 시대다. 로마가 무력으로 헬레니즘 시대를 끝장내긴 했다. 그렇지만 로마인들은 문화적으로는 그리스 문화를 숭상하는 지방 촌놈에 불과했기 때문에 여전히 그리스어가 세계 공용어였다.

이렇게 3세기 말까지는 그리스어로 통일된 세상이었고, 기독교인들도 그리스어로 된 신약 성경을 들고 로마제국 전체로 세력을 펴나간 거다. 왜 신약 성경을 그리스어로 썼냐구? 그래야 온 세상 사람이 다 아니까! 라틴어나 히브리어로 쓰면 일부 지방 사람들 말고는 아무도 안 봐요!

반면에 4세기에 접어들며 전방에서 전투만 하던 무식한 군인들이 로마 황제가 되면서 그리스어를 아는 교양 있는 시민들을 세금 내는 기계 정도로만 여기고, 로마 시민들 역시 거듭되는 전란으로 너무 가난해져서 그리스어를 배울 돈이 없어 요새 식으로 말하면 어학원에도 못 다니게 되자 4세기 말쯤에는 로마 시내에 그리스어를 아는 A급 시민들이 몇 명 남지도 않게 된다. 때마침 로마제국이 동로마와 서로마로 분열하고, 서로 간에 교통이 끊어지면서 서로마에서는 차츰 그리스어를 안 쓰게 된다. 물론 동로마에서는 여전히 그리스어를 공용어로 쓰지만, 세계 공용어로서의 과거 찬란했던 영화는 사라진다.

그때는 그런 거 없다. 그리스어만 알면 다 존경한다.

이 큰 로마제국이 힘만으로 되는 게 아니다. 로마 시민이 되려고 간절히 바라는 수천만 인민이 있어야 되는 거다. 로마 시민은 선망의 대상이지 증오의 대상이 아니다.

지금 미국 시민이 되는 것도 어렵긴 하지만, 그까짓 거 미국 이민 가서 살면서 세금 많이 내면 금방 된다. 그러나 로마 시민이 되는 건 하늘의 별 따기다. 영국에서는 로마군에 들어가 보조병으로 16년에서 30년 정도 복무해야 로마 시민권을 줬다.

영국에서는 로마군 보조병으로 들어가 창잽이만 되어도 양반 대접을 받았다는 설이 있다. 왜냐하면 언젠가는, 최대로 쳐도 30년이 지나면, 로마 시민이 될 사람이니까. 참고로 셰익스피어도 셰익(Shake, 휘두르다), 스피어(spear, 창), 즉 '창을 휘두르는 솜씨가 뛰어난' 창잽이 가문 출신이다.

로마 시민이 되면 그 '가문의 영광'과 특전이 보통이 아니다. 사도 바울이 "나 로마 시민이오!" 하고 밝히니까 그

바울 한 사람을 보호하려고 정예 보병, 기병, 투척병 470명이 따라붙잖아!

지금 미국 시민 이만큼 보호해 주나? 어림도 없지. 그래도 전쟁 나가서 죽으면 관에다 성조기 씌워서 데려오긴 하더라만.

예수는 이런 로마에 저항한 사람이 아니다. 오히려 "가이사의 것은 가이사에게!"라고 하며 세금도 잘 바치라고 하잖아. 말하자면 "양키 고 홈!" 하는 사람이 아니다. 그리고 "군정청장 물러가라!" 하는 사람도 아니다. 우리 큰누나처럼 하지 군정청장을 아버지로 모시는 사람도 아니지만, 그렇다고 적대시하는 사람도 아니다.

나는 빌라도가 하지 군정청장하고 도널드 그레그 주한 미국 대사의 중간 정도에 속하는 사람이라고 본다. 이런 사람이 조그만 속국의 젊은 지도자를 죽일 하등의 이유가 없다.

그레그 대사는 김대중 납치 사건 당시 CIA 한국 지부장이었다. 그는 한국 중앙정보부 요원 다섯 명에게 납치되어 공해상에서 수장(水葬)되기 직전의 김대중 선생을, 박정희

정부에 압력을 넣어, 극적으로 구출했다. 그리고 1980년 김대중 선생에 대한 사형 선고가 내려졌을 때도 한국에 파견돼 신군부를 상대로 구명 운동을 벌인 인물이다.

나는 빌라도가 그레그 대사 정도의 인물은 아닐지 몰라도, 적어도 속국의 젊은 지도자 예수를 죽게 방치할 정도로 속 좁은 인간도 아니었다고 본다.

빌라도는 교양 있고 관대한 사람이었다.

〈벤허〉라는 영화에 보면 빌라도(프랭크 스링 扮)는 벤허(찰턴 헤스턴 扮)의 양아버지 아리우스(잭 호킨스 扮)의 친구로 나온다. 벤허가 메살라(스티븐 보이드 扮)에게 복수*했을 때도 빌라도 총독은 벤허에게 아무런 처벌도 내리지 않았고 "너희 아버지 빽만 믿고 경거망동하지 말라!"

* 복수 : 〈벤허〉라는 영화 자체가 로마제국 변방 수비대장한테 핍박을 받다가 로마제국 집정관(Roman Consul)인 자기 양아버지의 권력으로 원수를 갚는 영화다. 무슨 유대 민족이 벤허라는 지도자를 중심으로 똘똘 뭉쳐서 로마에 대항하는 독립군 영화가 아니다. 말하자면 로마제국 내에서 큰 권력을 더 큰 권력으로 쳐부수는 영화라고 나는 본다.

고 가벼운 경고만 내리지, 아주 관대하게 대한다.

물론 영화는 사실과 다를 수 있다. 하지만 이 영화의 원작자 루 월리스나 제작자 샘 짐벌리스트나 감독 윌리엄 와일러 같은 서양 사람들도 빌라도를 관대한 인물로 묘사한 것은 나하고 시각이 비슷하다고 하겠다.

이런 빌라도가 사도신경에서 그런 악한 취급을 받는 것을 나는 부당하다고 생각해서, 억울하게 매도당한 그의 영혼을 위로해 주고 싶었던 것이다.

갈 곳 없는 전도사

어언 3년이 흘러서 신대원 졸업을 하게 되었다. 아무튼 졸업은 하게 되었으니 다행이었다. 항상 살얼음판 걷듯 했는데, 내가 졸업하는 것만은 사실 아닌가! 나는 그것으로 만족했다.

그러나 졸업을 해도 나를 전도사로 받아줄 교회가 없었다. 전도사 나이가 58세라 너무 부담스러워했다.

임시로 1년은 친구 동생이 하는 개척 교회에 가서 전도사 생활을 했다. 나는 새벽 예배를 준비하기 위해 운전을 배웠다. 그 시간에 다니는 버스가 없어서다. 마침 오금리 양어장 우리 집에는 처제가 캐나다로 이민 가며 두고 간 중고차 산타모가 있었다.

매일 새벽 4시에 일어나 오금리에서 일산 대화리까지 20킬로를 달려가서 난로를 피우고 목사님이 설교할 수 있도록 제반 준비를 다 했다.

그리고 교인뿐 아니라 같은 상가에 세 들어 있는 주민들 즉 중국집 배달원,* 주방장, 세탁소 주인, 또한 인근의 김밥천국 아줌마, 남성헤어컷 이발사, 진로마켓 캐셔들, 목욕탕 세신사(洗身士), 구두 수선 할아버지, 주유소 주유원, 심지어 1킬로쯤 떨어진 고양종합운동장 수위들까지 시루떡* 한 쪽이라도 주어 가며 일일이 다 사귀어 놓았다. 만일의 경우에 대비해 나에게 좋은 여론을 조성하기 위해서였다. 혹시 아는가? 주민 투표로 목사를 뽑을지.

그렇게 1년을 공을 들였는데 아뿔싸! 그 교회는 규모가 너무 작아서 '당회'가 없다며 나에게 목사 안수를 줄 수 없다고 나왔다. 당회가 없다니 무슨 소리야?

나는 기독교 연조가 짧아서 잘 몰랐지만 당회(堂會)를

* 중국집 배달원 : 성은 모르고 이름이 '준석이'였다. 내가 그곳 교회를 떠나던 날, 준석이가 제일 많이 울었다. 준석아, 이 책 보면 연락해라.

* 시루떡 : 교회에서 시루떡이나 인절미를 자주 했다. 나는 남는 떡을 빼돌려 사람들을 사귀었다.

엉뚱하게 생각했다. 당회는 예배당 '당'자, 예배당에 모인 사람들이 회의를 하는 건데, 그냥 회의 열어서 투표해 가지고 목사 안수 주면 되지, 왜 저렇게 비싸게 구나 했더니, 그게 아니라네.

당회는 높은 사람 즉 목사와 장로 세 명 이상의 모임이라네. 근데 여기는 개척 교회라 장로가 없고 목사 한 명뿐이라 당회를 열 수가 없다는 거였다.

그래서 동기생들을 동원하여 여기저기 수소문해 보니, 안산의 노동자센터가 당회가 있어서 안수를 해 줄 수 있다는데, 다만 거기는 월급이 없단다. 하이고, 내가 찬밥 더운밥 가릴 때가 아니지! 평생을 월급 없이 살았는데 뭐!

또 하나의 난점은 안산이 출퇴근하기에 너무 멀다는 것이었다. 오금리에서 안산까지 매일 왕복 100킬로 이상을 달려야 하지만, 마침 내가 출근하기 사흘 전인가, 100번 '서울외곽순환도로'가 일산IC에서 통일로IC까지 한 구간이 더 연장이 되었고, 내 똥차 운전 실력도 그럭저럭 늘어서 큰 걱정은 안 되었다.

약간 켕기는 건 나의 애마 산타모가 하필이면 휘발유 차라 겐또가 안 맞는데, 그까짓 기름값 얼마나 한다고! 또

고속도로 통행료도 얼마 안 되잖아!

그냥 거기 가서 1년을 버티며 안수를 받기로 했다.

늙다리 목사

나는 특별한 목적이나 사명을 갖고 신학교에 간 게 아니었다. 그저 빚쟁이를 피해 숨으려고 간 거니까 목적 자체가 없었다고 봐야지. 그러니까 목사가 되면 뭐를 하겠다는 계획도 없었다. 한심한 인간! 그러니까 젊었을 때 자기 관리 좀 했어야지.

만일 내가 큰 사고만 안 친다면—설마 또 치겠어?— 나는 나이 60에 목사가 되기로 예정되어 있었다. 그러나 60 먹은 이런 늙다리 목사를 어떤 미친 교회가 부목사로 써줄 일도 없을 테고, 뭐를 한담?

그런데 안산에 가니 얼라려? 신기하게도 외국인 노동자들이 늙은 나를 심심치 않게 찾아오는 것이었다. 처음엔 어리둥절했지만 금방 이해가 되었다.

하나는 너무 늙은 내가 제일 만만해 보인다는 것이고,

또 하나는 초라한 사람은 초라한 사람끼리 통한다는 것이다. 생각해 보시라. 저희들 자체가 초라한데, 뭐 하러

신사다운 사람한테 가겠는가? 자기네 고향 동네에서 흔히 볼 수 있는 허름한 아저씨 같은 나한테 오지! 외국인과 내가 만나는 건, 너무나 외로운 고독녀와, 아무 여자나 다 된다는 고독남이 만나는 이치와 같은 것이어서, 나는 뜻밖의 호황을 누렸다.

더군다나 애들은 도움을 못 받아서 환장한 애들이니까, 내가 조금만 도와줘도 굉장히 좋아했다. 먹을 거 같은 것도 사 오고!

나는 감동하면 이를 바득바득 갈던 유찬주 선생님처럼 말했다.

"바로 이그야!"

그리고 애네들은 30년 전 내가 도와주었던 한국인 노동자를 떠올리는 그 무언가가 있었다. 돈 떼이지, 두들겨 맞지, 성추행당하지, 똑같잖아! 이런 염병할, 30년 전 일이 이제 국적만 바뀌어 그대로 자행되고 있을 줄이야.

더구나 나도 외국인 노동자의 자손이었다.

할아버지는 일본에 징용으로 끌려가서 오사카 근처에서 탄광 노동자로 일했다. 당시 여덟 살에 불과하던 아버지는 충남 공주에서 살다가 할아버지가 일본으로 들어오래서 온 식구가 오사카로 이주했다.

외삼촌도 징용으로 끌려가 오사카 근처에서 탄광 노동자로 일했다. 웬 오사카에 탄광이 이리 많어? 당시 일곱 살이던 어머니는 충북 청주에서 살다가 가장인 외삼촌이 일본으로 들어오래서 온 식구가 오사카로 이주했다.

그래서 아버지, 어머니 두 분 다 공히 일본 오사카에서 보통학교를 나왔고, 아버지가 열아홉 살 때, 어머니는 열일곱 살 때 중매로 결혼한 것이다. 그러니 나는 외국인 노동자의 피를 양쪽에서 받은 셈이다.

자연스럽게 내가 장차 목사로서 할 일이 정해졌다. 외국인 노동자를 돕기로. 이제는 어떻게 돕느냐가 문제였다.

여기서 잠깐!

'어떻게'를 논하기 전에, 한두 가지 오해를 풀고 갔으면 좋겠다. 내가 항상 현장에 있었다거나, 노동자만 도왔다거나, 외국인만 도왔다, 이런 말은 순전히 오해고 낭설이고 억측이다.

도대체 사람을 어떻게 보고 그런 말을 하는가? 내가 그리 나빠 보이나? 나도 엄연히 가정이 있고, 자식 기르는 사람으로서 고생도 많이 하고, 빚도 많이 지고, 먹고 살려고 나름대로 무지하게 노력한 사람인데, 무슨 득이 있다고 그러는지 모르겠다.

목사 된 지, 몇 년 후 내가 외국인 돕는 사람으로 제법 알려졌을 때 가톨릭 계통의 한 잡지에서 원고 청탁을 받은 일이 있다. 그 편집자가 내 원고를 받아 가면서 전화로 이런 얘기를 했다.

"목사님, 한 30년 전에 『비바람 속에 피어난 꽃』 그 책 쓴 분 아니에요?"

"맞아요."

하고 순순히 시인하자 그녀가 말했다.

"무섭기도 하고 부럽기도 하네요."

"뭐가요?"

"항상 그곳에 계셨잖아요!"

바로 요런 게 오해라는 거다. 내가 뭘 항상 그곳에 있어? 27년 이상 떠나 있었는데. 그럼 내가 무허가 낚시터 하고, 가물치 기르고, 농사짓고, 『고부일기』 내고, 빚지고 한 그 세월은 다 뭐야?

노동자만 도왔다는 것도 말이 안 된다. 나는 먹고 살려고 주로 나 자신을 도왔지, 남을 도운 것은 늙어서 몇 년밖에 안 된다. 여러분도 늙어 보시면 알겠지만, 늙으면 잠도 없고 할 일도 없다. 잠이 안 오니까 괜히 이 궁리, 저 궁리하다가 아무 일이나 닥치면, 닥치는 대로 하게 된다. 그렇게 닥친 일이 노동자 돕는 거였다. 누구든 도와주면 좋아하니까.

외국인은 앞에도 말했지만, 아무도 안 쳐다보는 초라한 늙은이한테 찾아와 주니 솔직히 고마워서 도와준 거다. 그리고 얘들은 안 도와주면 죽을 거 같은 얼굴을 하고 있는데 어떻게 안 도와주나?

하여간 요 정도로 해명이 되면 좋겠는데, 안 된다고 해도 나는 별 타격이 없다. 까짓거 내가 살면 얼마나 더 살겠다고 남의 눈치나 보고 살리오. 아무래도 좋다. 내가 벌써 작년에 일흔일곱 살 희수(喜壽)를 넘기고 이제 일흔여덟 살이에요!

자, 그럼, 요설 그만 떨고 다음 장으로 넘어가자.

일요일 상담

안산에 전도사로 있을 때부터 나는 나름대로의 진짜 노동자센터를 만들어야 한다고 생각했다. 몇 가지가 마음에 안 들었기 때문이다.

첫째 기존의 노동자센터는 교회 중심이지, 노동자 중심이 아니었다.

외국인 노동자는 평일엔 못 온다. 공장에서 일해야 하기 때문이다. 그래서 단 하루 쉬는 날인 일요일에나 온다. 그러나 이때는 상담원들이 전부 예배나 교회 행사에 참가해서 상담원을 만날 수조차 없다.

교회 행사라는 것도 별 게 아니었다.

내가 안산으로 출근한 첫날이 공교롭게도 일요일이었다. 나는 상담할 기대에 부풀었는데 어럽쇼? 예배 끝나자마자, 나는 다른 전도사 상담원과 함께 베트남인 몇 명을 데리고 봉고차를 타고 오이도 바닷가에 놀러 갔다! 이거 이해가 되나?

물론 어디에 쓸 건지, 한 장의 감동적인 사진을 찍어 오래서 가는 거다. 하지만 일요일, 최고로 상담으로 바쁠 텐데 사진이나 찍으러 다니는 것이 너무 한가해 보여서 그 전도사에게 물었다.

"상담이 보병 아닌가요?"

육군이나 해병대에선 보병이 제일 중요하다. 그래서 노동자센터에선 상담이 제일 중요한 일이 아니냐고 물은 것이다. 그는 아무렇지도 않게 대답했다.

"그렇지요."

나는 생각했다. 그렇다면 지금 운영 방식은 잘못된 것이지.

교회 행사로 상담원이 빠지니까. 자연히 상담실은 자원봉사자들이 맡았다. 그러나 봉사자들은 아마추어라 아무것도 모르는 사람이 태반이고, 알아도 잘못 알고 있고, 잘 알아도 그날뿐이지, 그 사건이 해결될 때까지 끝까지 케어하는 사람은 극히 드물었다.

그러니 상담일지도 제대로 안 적고, 적어도 끄적끄적 저만 알게 적고, 그것도 잃어버리고, 안 잃어버려도 어디

두었는지 인수인계도 거의 안 했다. 이게 자원봉사의 한계이자 실상이다.

그래서 노동자들은 평일에 다시 오면 다시 상담을 받아야 했다. 그런데 평일에 올 수 있으면 다행이지만 거의 못 오지! 공장에서 일하니까. 그러니 일요일날 다시 오는데, 일요일은 교회가 바빠서 상담을 못 받고. 그야말로 악순환이었다. 이게 대한민국의 현실이다.

그러니까 따지고 보면 상담은 하는데, 안 하는 거나 마찬가지였다.

이걸 해결하는 방법은 프로들이 일요일에 상담을 해 주면 된다. 그러니까 프로는 예배나 교회 행사 같은 건 신경 쓰지 말고 상담에 전념해야 한다. 이게 나의 첫 번째 원칙이 되었다.

그리고 두 번째 원칙. 프로는 정당한 대우를 해 줘야 한다. 왜냐하면 프로는 돈 받고 일하는 건데, 교회니까 봉사하라고 열정 페이를 주고 부리면 안 되지! 결론은 프로를 고용할 돈이 필요하다는 거다. 돈! 돈! 돈! 이게 나의 결론이었다. 물적 토대 없이 이루어지는 일이 어디 있는가? 누구 돈이든 쑤셔 박아야지!

세 번째로 난공불락 마지노선의 토치카 같은 상담실, 어떤 포탄이 떨어져도 끄떡없는 상담실이 필요하다. 이게 나의 결론이었다.

하루는 출근하니 상담실이 없어져 버렸다. 컴퓨터 교육실로 변해서, 상담 테이블 대신에 컴퓨터를 놓은 책상들이 그득했다. 여성가족부에서 컴퓨터 교육실 시찰을 나온다는데 미리 사진을 찍어 둬야 한단다. 거기서 돈을 받았으니까. 그리고 시찰 나올 때까지 이대로 둬야 한단다.

그래서 나는 아스팔트에다 비치 파라솔을 치고 그 밑에 간이 테이블, 간이 의자 놓고 상담을 한다고 쭈그려 앉아 있는데 한심했다. 컴퓨터도 없고, 전화기도 없고, 목은 마르지 무슨 상담이 되나? 이런 데는 외국인이 안 온다. 개미도 안 온다. 비둘기나 가끔 와서 파라솔 위에 앉았다 똥 싸고 가지! 비둘기 상담소. 이건 말이 안 되었다.

나는 진짜 인간 상담소를 만들기로 결심했다. 웬만한

태풍이나 홍수나 한발이 와도 그리고 150밀리 포탄이 떨어져도 끄떡없는 콘크리트 상담소. 이게 나의 꿈이었다.

시간은 일요일
장소는 콘크리트 상담소
사람은 돈 받는 프로

바야흐로 이 3대 요소가 갖추어진 진짜 상담소가 탄생을 기다리고 있었다. 꼬끼오! 염병할, 수탉 같은 사나이가 간다!

바스카의 슬픈 사연

이것이 내가 상담소를 만들기 직전의 현실이었다. 당시 분위기를 조명하기 위해 이제 외국인의 시각에서 이야기를 풀어 보겠다.

바스카는 몽골인이다. 체불 임금 400만 원을 못 받았다. 병든 아버지 입원비를 몽골로 보내야 하는데!

일요일날 A 센터에 갔더니 이쁜 여대생 자원봉사자가 나와서

"뭘 도와드릴까요?"

하고 물었다.

이러저러해서 왔다고 했더니 A4 용지에 뭐라 뭐라 적고는 가 보라고 했다.

다음 주 일요일날 어떻게 되었나 하고, 또 갔더니 다른 여대생이 나와서

"무슨 일 때문에 오셨어요?"

하고 물었다.

저번 주에 이러저러해서 왔었다고 했더니, 자기는 모르는 일이라며 다시 A4 용지에 뭐라 뭐라 적었다.

다음 주 일요일날은 또 다른 여대생이 A4 용지를 들고 나오길래

그냥 포기하고 얼른 나와 버렸다.

바스카 생각에, 일요일날 또 갔다간 미칠 것 같아서, 공장장한테 400 받으면 반을 주기로 하고 하루 휴가를 내서 평일날 A 센터에 갔다. 그랬더니 이번에는 만만해 보이는 늙은이가 나오더라 이거지. 그게 바로 나야.

늙은이는 상담일지에 적고 컴퓨터에 뭔가를 열심히 입력하더니 다음 주에 한 번 더 와 줄 수 있느냐고 묻더군. 아, 오지! 돈만 받아 준다면!

그래서 다음 주에 갔더니 이번에는 늙은이는 물론이고 상담실 자체가 없어져 버렸어요. 황당하지. 그래서 늙은이가 어디로 갔나 찾아보니 저 밑 까마득한 곳 아스팔트에 비치 파라솔 치고 앉아 있더군.

빗발치는 비둘기 똥을 피해 간신히 파라솔 밑으로 들어가니 늙은이가 신세 한탄하듯이 하는 말이,

"바스카, 미안하다. 지금 상담일지도 찾을 수 없고 컴

퓨터도 어디로 갔나 몰라. 지금은 내가 힘이 없어요. 그래서 얘긴데 내가 한 달만 있으면 목사가 돼. 그럼 난 아마 화성 발안쯤 가 있을 거야. 화성이 외국인이 제일 많은 도시이고 발안이 그 중심지거든. 찾기 쉬워. 바닥이 좁아. 그때 꼭 와라. 책임지고 니 돈 받아 준다!"

"약속한 거죠?"

"그래, 약속!"

바스카와 늙은이는 손가락을 걸고선 꺼이꺼이 울며 파라솔 밑에서 헤어졌다.

훗날 외국인이 발안으로 몰려온 건 바스카 같은, 이런 슬픈 사연을 가진 인간들이 수두룩했기 때문이다.

콜럼버스의 달걀

안산에서 외국인을 돕는 수많은 목사들이 말했다. 화성(華城)으로 천도(遷都)를 해야 한다고. 외국인이 제일 많으니까. 그러나 말로만 그러지 실제로 갈 생각은 없는 거 같았다. 왜?

거기는 교통이 무지하게 나빠요. 전철이 없어요!*

그다음, 교육이 무지하게 나빴다. 당시엔 좋은 학교가 없었다! 지금은 명문이 된 화성고등학교도 그때는 화성여상으로 이름 없는 실업계 고교에 불과했다. 그러니 나같이 늙은 미친놈이 아니면 목사들이 갈 데가 못 되었다.

* 전철이 없어요 : 화성은 크게 두 지역으로 나뉜다. 동탄이 있는 동부 지역은 전철도 있고 번화하다. 그러나 공장이 흩어져 있는 광활한 서부 지역은 말 그대로 '서부'여서 교통 사정이 극악하다. 외국인은 대부분 이 서부에 있는 작은 공장들에서 근무한다.

그러나 아무도 안 가는 곳이 사실은 블루 오션이다. 젊어서는 모른다. 늙어야 안다. 이런 건 책에도 안 나온다.

나는 아무도 안 가는 화성으로 가기로 마음먹고 시청 홈페이지를 보았다. 외국인 담당이 딱 두 명이다. 지역협력계에 하나, 화성 보건소에 하나. 이거부터가 말이 안 되었다. 우리나라에서 외국인 노동자가 가장 많은 한국 최고, 톱, 1위, '외국인 도시'에 담당은 단 두 명이라니. 미안하지만 이게 현실이다. 우리나라에 외국인을 돌보거나 관심을 갖는 곳이 없다.

시청 지역협력계에 가서 물었다.

"외국인 도와주는 데가 있나요?"

"이렇다 할 만한 데가 없어요."

그렇다면 없다는 얘기다.

보건소에 가니 간호사가 자기가 체불 임금을 받아 준단다.

오, 한심한 도시여.

돈은 내가 받아 줄 테니 환자나 잘 돌보라고 말했다.

이제는 난공불락 상담실을 구할 차례였다. 발안시장 입구, 최고 좋은 자리가 비어 있다. 내 이럴 줄 알았지! 다 비어 있어. 텅텅 비어 있어. 그 3층에다 상담실을 꾸렸다. 그리고 간판을 '화성외국인 노동자센터'라고 내걸었다.

내가 화성을 차지했으니 이제 별별 말이 다 나올 거다. 자기가 가려고 했는데 못 간 거라고. 안산 터미널에서 수원역까지 시외버스 타고 가서 수원역에서 시내버스 타면 금방 발안인데 그까짓 거 누가 못 가냐고.

나는 콜럼버스도 이랬을 거라고 생각했다. 자기가 가려고 했는데 못 간 거라고. 그냥 서쪽으로 쭉 가면 인도인데 그까짓 거 누가 못 가냐고. 오죽했으면 콜럼버스가 달걀을 세워 보라고 했을까! 짜식들, 어떻게 나오는가 보려고 세우라고 한 거다.

나는 달걀 세우라고 그럴 필요도 없었다. 서인도제도보다도 교통이 나빠서 내가 오라고 빌어도 즈이들은 못 올 것이다. 발안에 전철이 뚫리지 않는 한 아무도 안 온다. 50년은 끄떡없다. 이러니 블루 오션이지.

아무도 오지 않는 상담소

2007년 당시 화성에는 외국인 노동자가 정말 많았다. 합법적인 체류자만 해도 2만 5000명이 넘었다. 불법까지 하면 4만 명은 될 거 같았다. 더구나 화성은 땅이 넓고 땅값이 싸서 그런지 안산이나 시흥에서 공장들이 계속 옮겨 오고 있었다.

따라서 외국인 노동자는 기하급수적으로 느는 추세였다. 그래서 외국인들이 휴일날 가장 많이 모이는 발안에 상담소 즉 외국인 센터를 세운 건데, 처음에는 무척 당황했다. 외국인 노동자들이 너무 많이 와서가 아니라 전혀 안 와서다.

이 동네 외국인들은 서비스를 받아 본 경험이 없어서 애시당초 우리 센터가 뭐 하는 곳인 줄 몰랐던 거 같다. 사실 센터란 이름이 참 여러 가지로 쓰이잖는가. 일례로 무료급식센터도 센터이고, 파출소도 치안센터이다. 말하자면 돕는 곳도 센터이고 단속하는 곳도 센터이다. 그러다 보니 외국인들은 센터가 노동자를 돕는 곳이라기보다는 단속하는 기관이 아니냐는 의심을 품었던 거 같다.

긴가민가하여 멀찌감치 서서 냉큼 들어오지는 않고

"거기 가면 안 잡아가요?"

하는 식으로 전화를 하곤 했으니까. 외국인들은 하도 많이 당해 봐서 그런지 방어 본능이 강하고, 기본적으로 주눅이 들어 있었다.

옥상에 아시아 각국의 국기를 걸었다.

맨 처음 온 외국인은 몽골인이었다. 몽골 국기 거꾸로 걸렸다며 바로잡아 주고 갔다.

두 번째로 카키색 옷을 입고 얼굴이 까맣게 그을린 방글라데시인이 들어왔다. 얼마나 반갑던지 뭐든지 주고 싶더라니까. 아닌 게 아니라 이 사람은 내 마음을 어떻게 아는지 돈을 달라고 하였다. 차비도 떨어지고 이틀 동안 아무것도 먹지 못했다나. 아하. 이 인간은 노동자가 아니라 거지로구나. 그의 걸인본색(乞人本色)을 눈치챘지만 그래도 어떡하나. 내일 와서 꼭 갚을 테니 조금만 빌려달라는 것을. 결국 만 원을 줘서 보냈지만 집사람은 불만이 많았다.

"목사님도! 최소한 2만 원은 빌려주시지 너무 야박했네요."

집사람은 다음 날 목을 빼고 기다렸지만 그사람이 다시 나타날 리 있나.

세 번째로 집사람이 방글라데시 사람을 하나 더 데려왔다. 알고 보니 그는 방글라데시 사람이 아니라 바짝 마른 한국 사람이었다. 그는 호기심이 많아서 장난삼아 외국인인 척 따라 올라온 거였다.

그런데 무슨 소문이 났는지 2007년 7월부터는 외국인이 너무 많이 와서 오히려 내 입장이 곤란해졌다. 이 많은 사건을 나 혼자 어떻게 다 처리하지? 물론 내가 센터에 있을 때는 그럭저럭 괜찮지만 노동부에 출두할 땐 센터를 비워 두고 나가야지 별 수 없었다.

다행히도 센터 입구에서 조개를 까서 파는 노점상 아줌마가 있어서 이분이 거의 센터를 지켰다. 외국인들이 센터로 올라가려 하면 조개 아줌마가 앞을 가로막고

"있다 와. 센터에 아무도 없어."

그러고, 내가 돌아오면

"필리핀 다섯 명 왔다 갔어"

하는 식으로 보고를 해 주곤 했다.

그렇게 점점 바빠지다 보니 직원을 자꾸 채용하여 한 때는 직원이 다섯 명까지 늘어난 적도 있다. 그러나 지금은 극심한 재정난*으로 다시 초창기로 돌아가 한국인 간사 한 명에 태국인 통역 한 명으로 간신히 꾸려 가고 있다.

원래 외국인 노동자들은 사회적 약자인 데다가, 한국말도 잘 모르고 한국 법률도 잘 모르므로 여러모로 불리한

* 극심한 재정난 : 재정난이 닥칠 때마다 내가 해고한 수많은 유능하고 성실한 직원분들께 이 자리를 빌려 깊은 사과를 드린다. 나는 대개 월급이 많은 순으로, 퇴직금이 많은 순으로 또는 부양가족이 없는 순으로 자를 수밖에 없었는데 이들은 거의가 경험이 많고 유능하고 성실한 분들이었다. 화성센터의 모든 업적은 이분들의 헌신과 희생 위에 세워진 것이다.

또한 지난 18년간 나와 같이 고생하며 재정난 해소를 위해 애써 준 화성외국인노동자센터의 이사들 즉, 고(故) 장두환, 구연철, 권오형, 김성겸, 심혁, 안승원, 안희상, 이범증, 장영섭, 최준석 이사께 이 자리를 빌려 감사를 드린다.

위치에서 생활할 수밖에 없다. 따라서 도와주어야 할 문제가 꼭 생긴다.

돈을 못 받거나, 직장을 못 옮기거나, 병이 나거나, 두들겨 맞거나, 성추행을 당하거나, 의사소통이 안 되거나, 여권을 빼앗기거나, 교통사고를 당하거나, 보험료를 환급받고 싶거나, 비자 연장을 하고 싶어도 이 사람들은 어찌 할 바를 모르니 당연히 도와주어야지.

이렇게 문제가 발생했을 때 한국 사람이 옆에서 조금만 도와주면 그들은 명랑하게 살 수 있다.

그래서 조금만 도와주는 거, 이것이 내가 하는 일이었다.

다시 혼자가 되어

직원들은 계속 들어왔다 나갔다 했다. 오래 근무하는 분이 거의 없었다. 평균 근무 기간이 6개월이었다. 근무 여건이 너무 나빠서다. 우선 너무 험한 일이었다. 그냥 책상에 앉아서 점잖게 사무를 보는 게 아니라 노동자 편을 들어, 더구나 외국인 편을 들어, 현장에서 싸우는 게 직업이라 스트레스가 엄청났다.

"이 씨팔 년아, 넌 왜 외국인 편만 드니?"

직원들이 이 정도 말을 듣는 건 약과였다. 또한 최저 임금만 받는 박봉이라 생활도 어려웠다. 그런데도 근무해 준 여러분께 이 자리를 빌려 감사를 드린다.

직원들도 고생했지만 나는 형편이 더 안 좋았다. 일이 힘든 건 그렇다 쳐도, 돈을 만드는 게 더 문제였다. 매달 꼬박꼬박 직원들 월급을 줘야 하잖아! 왜 그리 월급날이 빨리 돌아오는지? 돈은 10원도 없는데!*

나는 언제나 직원들 월급 때문에 노이로제에 걸려 살았다. 요즘도 직원들 월급과 관련된 악몽에 시달린다. 내가 가장 무서워하는 꿈이 직원이 무지하게 많은데, 나 홀로 그들의 월급을 맞춰 주려고 막 헤매고 다니는 꿈이다. '나 홀로 집에'는 아무것도 아니다. '나 홀로 월급'이 훨씬 무섭다. 직원이 많을수록 몸이 다는데, 나는 직원 숫자가 열세 명인 꿈까지도 꾸어 보았다. 현재로선 그게 최고 기록이다.

재정난을 겪을 때마다 실제로 몸이 아팠다. 가슴 한가운데서부터 우릿하게 아프기 시작해서 등 쪽으로 광범위하게 퍼져 가는데 이 통증은 저녁 7시부터 새벽 한두 시까지 계속된다. 이것은 마약성 진통제*로도 해소가 안 되고

* 10원도 없는데 : 센터 통장에 돈이 항상 간당간당해서 4대 보험료도 못 내고 밀릴 때가 많았다. 건강보험공단에서는 통장에 잔고가 있는 대로 빼 갔다. 그러나 10원 미만은 안 빼 가기 때문에 7원이나 8원 같은 자투리 돈은 으레 남아 있었다. 그러니 '돈이 1원도 없다'는 말은 사실이 아니어도, '돈이 10원도 없다'는 말은 사실이었다.

* 마약성 진통제 : 나는 말기 암 환자이기 때문에 의사의 처방전에 의

음악 즉 노래를 불러야 나았다.

빠른 노래는 효과가 없었다.

아주 가늘고 길게 뽑는 노래가 효과가 있었다. 아마도 가늘고 길게 뽑으면 저절로 복식 호흡이 되기 때문에 가슴의 통증이 사라지는 게 아닐까 하는 생각이 들었다. 예를 들어 고복수의 〈타향살이〉, 문정숙의 〈나는 가야지〉, 안정애의 〈대전 부르스〉 같은 노래가 그런 노래다.

제일 나쁜 건 〈산토끼 토끼야〉, 〈학교 종이 땡땡땡〉, 〈태극기가 바람에〉 같은 국민학교 저학년 시절의 노래다. 이런 단말마의 비명 같은 노래가 나도 모르게 내 입에서 튀어나오는 수가 있는데, 이건 치료에 도움이 전혀 안 될 뿐더러, 오히려 내가 정신없이 아프다는 증거였다.

통증에 최고로 효과가 좋은 노래는 가늘고 길게 뽑는

해서 마약성 진통제를 살 수 있었다.

곡이면서도 멜로디가 아주 뛰어난 데다가 슬픈 곡들이다.

모두 네 곡을 발표하겠다.

특별상은 안성현 작곡, 박기동 작사의 〈부용산〉이다. 안치환 등 여러 가수가 불렀는데 나 개인적으로는 윤선애 씨가 부른 게 가장 좋다. 유튜브에 있다.

1, 2, 3등은 모두 외국 번안곡이다.

동상은 조애희의 〈안개 낀 밤의 데이트〉다. 근데 이 노래는 금영이나 TJ의 노래방 책에 없다. 유감이다.

은상은 최양숙의 〈태양은 가득히〉다. 근데 이 노래도 노래방 책에 없다. 한두 번 넣어 달라고 회사에 부탁해 보았는데 답이 없다.

드디어 최고의 노래를 발표하겠다. 영예의 금상은 김추자가 부른 〈눈이 내리네〉다. 이 노래는 눈이 내릴 때 불러도 최고지만, 아플 때 불러도 최고다.

다만 아프다고 성급하게 〈눈이 내리네〉부터 부르면 효과가 별로다. 그리고 그렇게 부르는 건 최고의 곡에 대한 예의도 아니다. 우선 〈대전 부르스〉 같은 느린 노래로 서서히 예열을 시작하여 현미의 〈보고 싶은 얼굴〉, 윤선애의 〈솔베이지의 노래〉 같은 애절한 노래를 거쳐서 차츰차

츰 특별상, 동상, 은상으로 올라와 아스라이 졸려서 잠들기 직전 마지막 한 방으로 금상 곡을 부르는데, 미처 다 못 부르고 스르르 잠이 들어야 최고다. 적어도 내 경우는 그렇다.

하여간 나 같은 증상으로 고통을 당하는 분들에게 이 네 곡을 특별히 권해 드린다. 네 곡은 모두 유튜브에 있다.

하여간 그건 그렇고,

이렇게 돈 때문에 육체적으로 정신적으로 고생하는데도 불구하고, 정부나 지방자치단체의 도움도 일절 받지 못한 채 18년을 살아남았다는 건 기적이다. 하지만 이건 순전히 맨땅에 헤딩하는 식이었다.

그래도 안 죽고 버틴 것은 뜻밖의 순간에 뜻밖의 방식으로 나타나는 구원의 손길 덕분이다. 가령 세 가정(家庭)밖에 안 되는 아주 작은 개척 교회에서 첫 헌금으로 봉헌한 돈을 가져오기도 했는데, 이것을 어떻게 설명하지? 또 얼굴도 이름도 모르는 분들이 익명으로 돈을 부쳐 오기도 했는데, 이건 또 어떻게 설명하지?

신이 이분들의 마음을 움직여 도와주신 거라고 나는

본다.

나는 직원들 속에 있어도, 노동자들 속에 있어도, 언제나 고독했다. 하긴 마산 바닷가에 나가 돌멩이를 차며 혼자 놀 때부터 고독은 몸에 밴 것 아닌가.

고등학교 2학년 말에 나는 모든 여자 관계를 끊었다. 그리고 모든 학교 수업도 끊었다. 그리고 혼자 학교 도서관에서 수학을 독학했다.

그것과 똑같았다. 나는 서울에 있는 친구를 비롯하여 모든 교우 관계를 끊었다. 결혼식도 안 가고 장례식도 안 갔다. 그런데 갈 시간도 돈도 없었으니까. 그냥 내 할 일만 했다.

그리고 예수교 장로회 교단(敎團)과의 모든 관계도 끊었다. 노회, 시찰회, 지방회, 아무것도 안 나갔다. 결국 교단에서 제명되었다. 차라리 그게 더 나았다. 외국인들이 목사로 알아주면 되지, 교단에서 인정하건 안 하건 마찬가지였다.

아무도 가르쳐주는 사람도 없었다. 하긴 뭘 알아야 가르치지! 어차피 모르잖아. 계산은 잘하겠지만 나처럼 지독하게 하는 사람은 없잖아.

주로 돈 받아 주는 일을 하는데 노동청 근로감독관들은 좋아했다. 말도 안 통하는 외국인 혼자 와서 돈 받아 달라면 그 사람들도 난감한데, 나 같은 미친 한국인이 따라와서 자상하게 설명해 주니 좀 좋아. 내가 하는 게 법이었다!

가령 사장한테 네다바이당해서* 베트남에 가 있고 재입국도 못 하는 덩의 퇴직금을 어떻게 받아 주지? 신분증도 없고 사진도 없고 근로명세서도 없고 기억도 희미한 멍청한 놈, 퇴직금을 어떻게 받아 주지? 이거 모르잖아.

* 네다바이당해서 : 덩은 사장이 휴가를 보내줘서 베트남에 갔다. 휴가를 마치고 재입국하려고 하니 출입국 쪽에서 퇴직 처리가 되었다며 재입국할 수 없다고 나왔다. 치사한 사장들은 이렇게 퇴직금을 떼어먹었다.

베트남에 전화해서 얼굴 사진 찍고, 베트남 신분증 복사하고, 위임장에 사인해서 보내라 하고는 그걸 들고 가서 근로감독관과 쇼부를 치는 거다.

"지 말로 한 달에 90씩 받았다고 하니 제세(諸稅) 공과금 10씩 제했다고 보면 세전(稅前) 금액이 100이니까 여기다 근무한 햇수와 개월*을 곱하면 270, 됐습니까?"

하면 감독관도 고개를 끄덕끄덕하였다. 이렇게 받아내는 건데. 내가 법이지! 안 그래?

가령 한국인 직원이 걸상으로 내리쳐서 목과 어깨에 타박상을 입은 태국인. 얘가 보상금도 받고 직장도 옮기고 싶다는데, 그 소망을 어떻게 들어주지?

진단서 떼고, 가해자인 한국인 직원과 한국인 과장, 공장 근처 파출소로 나오래서 파출소장 보는 앞에서 쇼부를 치는 거다.

* 햇수와 개월 : 퇴직금은 월급에다 근무 기간을 곱해서 산정한다. 덩은 2년 8개월 12일 근무했으므로 약 2.7년. 100 곱하기 2.7 하니 퇴직금이 270만 원이 된다.

"진단서 4주 나왔으니 어차피 구속될 텐데, 위로금 100만 원에 직장 옮겨 주는 직장 이동 신청서에 사인만 하면 구속 안 되니, 이거 싸게 먹히는 거 아녀!"

하면 100만 원 얼른 내놓고 직장 이동 신청서에 사인하곤 한다. 그러니 내가 법이지! 안 그래?

또 가령 성추행을 당한 필리핀 여성이 펑펑 울며 와서 직장을 옮겨 주되, 성추행한 한국인 과장 놈은 딸린 식구가 많으니 구속은 하지 말아 달라고 꺼이꺼이 또 울면 이거 어떻게 해결해 주나? 이거 모르잖아.

필리핀 여성 데리고 화성 서부경찰서 수사과 가서 걔가 조사받는 동안 나는 수사과장과 농담 따먹기 하면서 고향이 어디냐, 사는 집은 어디냐, 뭘로 출퇴근하느냐, 70리 길 사이클로 출퇴근하려면 힘들 텐데 사이클에 필이 꽂힌 사람이로군! 하면 좋아서

어이, 김 형사. 거기 앉아 조서만 받지 말고 현장에 나가봐! 해 가지고 형사랑 같이 공장 가서 사장과 과장 놈 나오라고 해서, 사장은 한두 번 만졌다니까 그건 불문에 부치고, 이놈의 과장 나잇살이나 먹어 가지고 딸 같은 필리핀 아이 만져서 좋더냐 이런 육시랄, 겁줘 가지고 무릎 꿇

고 빌게 만들고 약간의 위로금과 사장 사인이 적힌 직장 이동 신청서 받고 나오는 건데, 내가 법이지! 안 그래?

나는 혼자 고독하게, 이런 식으로 개척해 나가며 18년의 세월을 보냈다.

하긴 누구나 혼자 아닌가?

해결사

화성에는 좋은 온천이 많다. 공단 가운데에도 온천이 있다. 그런 온천 중 하나가 율암온천이다. 하지만 나는 잘 안 간다. 나를 기피하는 공장 사장님들이 많이 오기 때문이다.

하루는 한증탕에서 땀 흘리고 나와서 냉탕에 다녀오는데 약간 열린 문틈으로 나에 대한 뒷담화가 흘러나왔다.

"누구라고?"

"외국인… 돈 받아 주는… 해결사!"

내가 들어가자 그들은 송충이 피하듯 우루루 나갔다.

그래서 나도 알았다. 내가 해결사라는 걸.

외국인들의 가장 큰 고통은 돈을 떼이는 것이었다. 돈 벌러 왔는데 돈을 떼인다! 이건 말도 안 되는 얘기였다. 내가 왜 떼인 돈 받아 주는 해결사가 되었는지, 라이나전성기재단에서 사회공헌상을 받을 때 수상 소감에서 밝혔다.

그런데 이것을 평서문(平敍文)으로 옮겨 쓰니 나의 뜻

이 정확히 전달 안 되고 말맛도 전혀 안 나서, 그때 발표한 수상 소감 일부를 입말[口語] 그대로 싣는다.

(전략) 2007년 하노이 공항에서 기가 막힌 광경을 보았습니다. 한국으로 떠나는 베트남 청년 한 사람을 붙잡고 맨발의 할머니들 수십 명이 우는 거예요. 마치 전쟁터에 나가는 아들 떠나보내듯이, 공양미 300석에 인당수로 팔려 가는 심청이 떠나보내듯이 슬피 웁니다.

근데 이 할머니들 왜 맨발일까요? 하노이 공항은 우리 시골 공항 비슷합니다. 그런데도 이 촌 할머니들 눈에는 너무나 으리으리하게 보여서 신발을 벗고 들어온 거예요. 그만큼 순박한 사람들입니다.

그럼 왜 그리 슬피 울까요? 당시 베트남에서 한국으로 오려면 약 1000만 원 정도의 뒷돈이 필요했거든요. 한국어 시험은 형식으로 보는 거고, 돈이 필요했습니다. 그런데 그런 돈이 있나요? 자기 집 실력으로는 어림도 없고 친가, 처가, 외가, 사돈의 팔촌까지 돈을 다 끌어모으고, 그래도 안 되면 논과 밭을 저당 잡혀서 왔습니다.

그러니 이 가냘픈 청년의 어깨에는 수많은 일가친척의 삶과 재산이 걸려 있던 셈이지요. 그러니 이렇게 무거운 짐을 지고 떠나는 청년이 갸륵하고 안타깝고 안쓰러워서 그 많은 할머니들이 우는 겁니다. 한국 공장 험하다는데!

그러니 이런 사람 돈을 떼어먹으면 어떻게 되겠어요? 베트남에 있는 일가친척 모두가 굶는 거고 심하면 논과 밭이 날아가는 거예요.

그래서 저는 죽자고 떼인 돈을 받아 준 겁니다. 그렇게 받아 준 돈이 18년을 다 합쳐 보니까 약 236억 원 정도 됩니다. 그러고 보면 저같이 거칠고 사나운 인간도 다 쓸모가 있는가 봅니다. (후략)

오랑캐꽃이 핀다

외국인 250만 시대. 이제 외국인은 우리 역사의 일부다. 그런데 그들의 삶에 관한 기록이 부끄럽게도 우리나라엔 없다. 이건 말도 안 되는 이야기였다. 외국인을 돕는 것도 중요하지만 기록하는 것도 중요하다.

대학 시절 국사를 가르치는 한우근 선생한테 한 가지 배운 게 있다. 선생님은 말했다.

"머리 나쁜 사람도 역사를 쓸 수 있다. 왜냐하면 1차 자료를 모으고 기록하는 데는 머리가 좋을 필요가 없기 때문이다. 그 1차 자료를 가지고 나중에 머리 좋은 역사가가 진정한 역사를 쓰면 된다."

이것은 나에게 터무니없는 용기를 주는 복음이었다. 왜냐하면 1차 자료 기록하는 건, 중학교 때 영어 교과서 하이라이트 전체 100번 써가는 거나 비슷해 보였기 때문이다. 단순 무식하게 밀고 나가는 거, 그건 내 주특기지. 그래, 1차 자료를 쓰자!

그런 의미에서 나는 눈여겨본 외국인을 하나하나 기록하여 인터넷 신문 ≪프레시안≫에 연재했다. 2008년부터 2013년까지 703회에 걸쳐 썼다. 그러다 ≪프레시안≫에서 연락이 왔다. 이제 그만하자고. 나는 기록할 게 더 남았는데! 나는 성이 안 차서 나의 블로그에 192회를 더 실었다. 그러는 동안 10년의 세월이 흘러갔다.

외국인들 하나하나가 다 사연이 다르다. 그래도 전형적으로 잡히는 게 있다. 오윤도 그런 식으로 전형적인 동작과 표정을 잡아 그림을 그렸다. 오윤이 그림 그리듯, 나도 수만 명의 외국인을 895명의 전형적인 인물로 잡아 가지고, 구라빨 넘치는 나의 붓으로 묘사했다. 10년 동안 써서 10권의 책으로 나왔는데 그게 『오랑캐꽃이 핀다』다.

이것은 독일 같은 선진국에도 없는 세계 유일의 기록이다.

맺는말

이것이 내가 살아온 나의 인생이었다.

내가 빚을 많이 지고 고생하던 50대 시절 톨스토이의 동화를 읽었는데 내 마음에 들었다. 어느 늙은 부부가 부자로 살 때는 별의별 고민과 걱정과 근심에 시달린다. 그러다가 완전히 망해서 어느 집 머슴이 되어 행랑에 기거한다. 낮에는 고되게 일하고 밤에는 신약 성경을 읽으며 사는데, 그렇게 행복해할 수가 없다는 그런 동화다.

나하고 딱 맞았다. 만일 빚의 굴레만 벗어날 수만 있다면 그렇게 살고 싶었다. 그런데 지금 생각해 보니 결국 톨스토이 동화처럼 되었다. 그동안 완전히 망했고, 고되게 일해 왔고, 남의 집 행랑채는 아니지만 주공 임대 중에서 가장 작은 11평에 세 들어 사니 그게 그거 아닌가.

얼마 안 남은 인생, 정리하는 의미에서 몇 자 적어 보았다.

후기

나는 신에게 묻고 싶다. 왜 나였냐고?

모를 일이다.

그러나 짐작은 간다.

나는 도시에서만 살아온 완전 도시 출신인데, 아무 관련도 없는 경기도 고양군 신도읍 오금리, 농촌에 들어가서 23년, 또 아무 연고도 없는 화성 땅 공장 지대에 와서 18년, 도합 40여 년 동안 광야를 헤매고 다니며, 이런 표현을 써서 대단히 죄송하지만, 솔직히, 별 지랄을 다 하고 다녔다.

이거 보통 미련한 사람이 아니면 못 한다. 일단 심술과 고집이 쎄고 악질이어야 한다. 물론 나는 거기에 최적화된 인간이었다. 어려서부터 부모 말을 안 들었고, 선생님한테도 고분고분하지 않았으며, 군대나 회사에서도 윗사람 말을 안 듣고 반항하기 일쑤였다.

그러나 이것만 가지고 40년을 버틸 수는 없다. 꾸준히 세월을 끌고 갈 무언가가 있어야 한다. 나는 그것이 연민이었다고 생각한다. 나는 불쌍한 사람이었다. 그래서 불쌍한 사람을 누구보다 잘 이해했다.

신은 이런 나를 올가미를 씌워서 농촌으로 보냈다가, 공장 지대로 보냈다가, 한 것이 아닐까 하고 짐작만 해 볼 뿐이다.

독자 여러분, 여기서 마칩니다.
읽어 주셔서 감사합니다.

한윤수는

1948년 충북 청주 출생, 서울대 외교학과 졸업.

외국인 노동자의 떼인 돈을 받아 주는 목사다.

그가 목사가 된 것은 우연이다. 29살에 출판사 '청년사'를 차려『나의 누이여, 나의 신부여』라는 베스트셀러를 내는 등 출판인으로서 한참 잘 나갔다.『판초 빌라』,『본회퍼』,『산체스네 아이들』,『여공 20년 후』등의 논픽션도 여럿 출간했다. 1978년 이오덕 선생이 모은 농촌 아이들의 글을 시집『일하는 아이들』과 산문집『우리도 크면 농부가 되겠지』로 출간했다. 이것이 계기가 되어 야학을 하던 대학생들이 10대 노동자들의 글을 모아 온 것으로 1980년『비바람 속에 피어난 꽃: 10대 근로자들의 일기와 생활담』을 출간했다. 계엄령하였지만 2만 부를 찍어 200여 교회 청년회를 통해 뿌렸다. 나오자마자 책은 판금됐고 도망자가 됐다. 그해 가을 세상이 잠잠해지자 있는 돈 없는 돈 쓸어 모아 글 쓴 노동자들에게 인세를 지급했다.

'청년사' 운영을 후배에게 넘기고 경기도 고양군에 들

어가 농사를 짓다가 가물치 양어장을 차렸지만 3년 만에 문을 닫았다. 빚이 늘어 갚을 요량으로 '형제출판사'를 열어 가족들 사이의 일을 적은 일기문들을 「고부일기 시리즈」로 내어 큰 성공을 거두었다. 그럼에도 불구하고 한 번 무너진 가계는 회복이 안 됐고 1997년 IMF 사태로 결정타를 맞았다. 채무는 60억 원 가까이 늘어났다. 저당 잡힌 친구들 집 12채도 다 넘어갈 뻔했지만 다행히 가물치 양어장 터가 삼송택지개발지구에 수용돼 그 보상금으로 원금을 갚았다. 그러나 생활비는커녕 아이들 교통비도 갖다주지 못했다. 빚쟁이들을 피해 전국 안 가 본 곳 없이 도망 다니다가 부인에게 너무나 미안해 결혼하고도 25년 동안이나 가지 않던 교회에 제 발로 가겠다고 나섰다. 교회에까지 빚쟁이들이 쳐들어 와 크리스마스 날 노래 부르고 있는 그에게 '넌 빚을 지고선 즐겁게 노래가 나오냐'고 했다. 빚쟁이들한테 쫓겨 다니다가 숨은 곳이 하필이면 신학교였다.

2005년 신학교를 졸업하고 안산에서 전도사 생활을 시작했다. '안산노동자센터'에서 외국인 노동자들을 처음 봤다. 새카만 모습으로 도와달라는데 30년 전에 봤던 10대 노동자들 생각이 났다. 돈 떼이고 두들겨 맞고 성추행당하는 그들의 모습에서 30년 전 한국 청소년 노동자들의 얼굴이 떠올랐다.

2007년 나이 60에 목사 안수를 받고 한국에서 외국인 노동자들이 가장 많다는 이유만으로 경기도 화성시로 가서 '화성외국인노동자센터'를 세우고 무료 상담을 시작했다. 주로 돈 받아 주는 일을 했다. 그가 18년 동안 외국인에게 받아 준 돈이 236억 원 정도이다. 다시 인생이 바뀌었다.

틈틈이 외국인 노동자의 생활을 기록했다. 2008년 11월 인터넷 언론 ≪프레시안≫에 '외국인 노동자 탐구생활' 백서 '오랑캐꽃' 칼럼 연재를 시작했다. 이를 모아 열 권의 책으로 냈는데, 이것이 『오랑캐꽃이 핀다』이다. 이런 생활기록은 이주 노동의 최고 선진국인 독일에도 없는, 세계적인 문화유산이다. 그의 문체는 사랑방에서 재미난 얘기를 하는 것 같은 구어체로 읽는 맛이 있다.